高校历史教学中的
文化认同培养

张桂芳　王　强　著

吉林出版集团股份有限公司 | 全国百佳图书出版单位

图书在版编目（CIP）数据

高校历史教学中的文化认同培养/张桂芳，王强著
. -- 长春：吉林出版集团股份有限公司，2023.5
ISBN 978-7-5731-3325-0

Ⅰ.①高… Ⅱ.①张…②王… Ⅲ.①历史教学—教学研究—高等学校 Ⅳ.① K-42

中国版本图书馆 CIP 数据核字 (2023) 第 082513 号

高校历史教学中的文化认同培养

GAOXIAO LISHI JIAOXUE ZHONG DE WENHUA RENTONG PEIYANG

著　　者	张桂芳　王　强
出 版 人	吴　强
责任编辑	尤　蕾
助理编辑	江　珊
装帧设计	郜娇建
开　　本	710 mm × 1000 mm　1/16
印　　张	11.5
字　　数	200千字
版　　次	2023年5月第1版
印　　次	2023年8月第1次印刷
出　　版	吉林出版集团股份有限公司
发　　行	吉林音像出版社有限责任公司
	（吉林省长春市南关区福祉大路5788号）
电　　话	0431-81629679
印　　刷	吉林省信诚印刷有限公司

ISBN 978-7-5731-3325-0　　定　　价　68.00元

↘ 前 言

十八大以后，中国特色社会主义进入新时代。新时代这历史方位的确立，标志着改革开放以来，我国社会主义现代化事业取得了历史性成就。中国要走向世界历史舞台中央，实现中华民族伟大复兴的中国梦，除了要不断壮大经济、科技等力量，还要振兴民族文化。但是，当下随着社会信息化、文化多样化的深入发展，西方国家利用各种手段继续对我国实施和平演变。在此背景下，国人的价值观不免会受到巨大冲击，文化身份认同出现问题。尤其是近年来历史虚无主义甚嚣尘上，一定程度上消解着部分国人对革命文化的认同感。新时代大学生是推动中国发展的中坚力量，他们对革命文化的认同度，直接影响着其价值观的确立是否科学，关乎着他们的"四个自信"，尤其是文化自信的状况，从而决定他们最终能否担当起民族复兴大任的时代责任。因此，全面把握新时代大学生革命文化认同现状，剖析造成大学生革命文化认同存在问题的主要原因，探寻增强新时代大学生革命文化认同的有效对策，是当下思想政治教育理论与实践必须高度重视的问题，对此本书对历史教学文化认同教育展开全面论述。

本书第一章为导论，主要从研究背景、研究意义、研究现状三方面展开深入论述。本书第二章讲述了高校历史教学与文化认同教育，分别从高校历史教学概述、文化认同概述、历史教学与文化认同的关系三方面出发分析。本书第三章为高校历史教学在大学生文化认同教育中的作用，以"中国历史"激发大学生文化自信、以"历史文化"增强大学生文化认同感、以"革命历史"开展大学生爱国主义教育三方面阐述。本书第四章为高校历史教学中大学生文化认同教育现状，分别从高校历史教学中大学生文化认同的现状、高校历史教学中大学生文化认同教育的问题及原因分析、高校历史教学中大学生文化认同的教育策略三方面论述。本书第五章是高校历史教学中文化认同教育改革与创新，分别从完善高校历史教学中文化认同教学方法、优化高校历史教学中文化认同教学模式、拓宽高校历史教学中文化认同教学途径几个方面深入论述。

本书为武汉工商学院张桂芳老师和武汉工商学院王强老师的辛勤劳动成果。本书在撰写的过程中参考和引用了众多学者的研究和实践成果，在此由衷地表达我的谢意！我的同行黄莉也承担了部分文字写作，写作分工如下：

武汉工商学院马克思主义学院张桂芳，第一章、第二章、第三章，11万字；

武汉工商学院管理学院王强，第四章、第五章第一节，8万字；

武汉工商学院艺术学院黄莉，第五章第二节，1万字。

本书内容系统全面，论述条理清晰、深入浅出，但由于作者水平有限，书中难免会有疏漏之处，希望广大同行及时指正。

本著作为 2021 年度湖北省教育厅哲学社会科学研究专项任务项目（思想政治理论课）——高校思想政治理论课教师队伍与辅导员队伍协同工作模式研究（项目编号：21Z072）阶段性成果。

作者：张桂芳

目 录

第一章

导论

本章节内容为导论，主要从研究背景、研究意义、研究现状三方面展开深入论述。

第一节　研究背景

随着我国人民的不断奋斗，中国特色社会主义也进入了新时代。现代的生活水平随着科技水平的提高而提高，全球化进程也随之加快。在这个充满机遇和挑战的时代，外来文化不可避免地冲击着中华文化。不仅如此，现代文化与传统文化之间也存在着冲突。在这样的环境下，高校中一部分大学生的文化价值观可能会产生动摇，而青年大学生是祖国的未来，是我国社会主义事业的建设者和接班人，在中华民族实现伟大复兴的过程中，大学生肩负着巨大的使命。在这样的背景下，增强大学生的文化认同感是十分必要的。

经济全球化的进程随着社会经济的快速发展而加快，在这样的前提下，各种文化交流也日益频繁，不同价值观之间的文化碰撞也更加剧烈。高校历史教师需要了解到大学生文化认同的重要性，因为大学生在面对文化的碰撞后会产生文化价值观的动摇，从而出现困惑，这就需要在教师的帮助下使大学生增强文化认同。作为教学中的主导者，历史教师需要厘清大学生文化认同的理论依据，而且需要在实践中践行。

大学生文化认同研究的主要作用如下：

（1）大学生文化认同研究是社会主义文化发展战略的时代要求。文化发展战略是根据社会发展现状和国际环境对文化发展作出的全局性、长远的谋划，是组成我国国家发展战略的重要部分。2017年10月，在北京召开的中国共产党第十九次全国代表大会上指出，文化是一个国家、一个民族的灵魂。文化兴国运兴，文化强民族强。没有高度的文化自信，没有文化的繁荣兴盛，就没有中华民族伟大复兴。这是由于我党和国家对于社会主义文化建设的重视。作为文化强国的重要标志，社会主义文化的繁荣发展是实现社会主义现代化的前提与基础，并且有利于实现"中国梦"。而社会主义文化的繁荣发展需要高度的文化自信和文化认同，具备这些才有利于实现中华民族的伟大复兴。

大学生是国家的未来，是民族的希望，作为我国社会主义事业的建设者和接班人，大学生的文化认同与文化自信显得尤为重要，直接影响到实现中华民族的伟大复兴。所以在新时代下，大学生的文化自信和文化认同急需提高，这就需要加强大学生文化认同研究。

（2）大学生文化认同的研究是新时代大学生肩负历史使命的迫切需求。十八大以后，中国特色社会主义进入了新时代，这是我国发展新的历史方位。大学生肩负着继承和弘扬中国特色社会主义文化的历史使命，同样承担着实现中华民族伟大复兴的历史使命，新时代要求作为人才资源的大学生在社会主义事业建设中贡献力量。

第一，我国大学生数量随着社会水平的提高在不断增多，据国家统计局发布的数据，2019年全国在校大学生（不包含研究生及成人本专科）人数达到了3031.5万，处于历史最高水平。数量庞大的大学毕业生将在社会主义事业的建设中发挥重要力量。

第二，社会主义现代化的重任在将来需要大学生承担。目前我国的社会正在快速转向现代信息社会和消费社会，相较传统社会的封闭，新型社会更加资讯发达。社会转型带来机遇的同时，挑战也不可避免地到来。在社会转型的背景下，新时代的大学生需要为社会主义现代化建设奉献力量，在奉献力量的同时，他们的价值观和文化认同感是尤为重要的，需要教导者为大学生树立正确的价值观和文化认同感。新时代，东西方文化的交汇，传统文化和现代文化的交融使大学生在文化认同上感到迷茫，出现文化困惑。这就需要他们在提高自身综合素质，适应当前时代社会的同时，在多元文化的干扰下形成正确的文化认同并投入到社会主义现代化的建设中。这就需要对大学生进行文化认同教育，而前提就是全方位认识大学生当前的文化认同，这样才能更好地帮他们树立正确的观念。在树立正确的文化认同的前提下，帮助大学生培养文化自觉，增强文化自信，使他们更好地继承和发展中国特色社会主义文化，提升我国的国际影响力。只有树立了正确的文化认同观念，大学生才能在社会主义事业的建设中发挥他们的能量。

（3）大学生文化认同的研究是做好高校思想政治教育工作的有力保障。大学生文化认同研究工作的水平与质量的提高，有利于高校更好地进行思想政治教育。同时，文化认同作为高校思想政治教育工作的内容，同样具有重要的意义。新时代下，大学生的人生观、世界观与价值观受到多方面的影响，例如学校教育、家庭教育、网络传媒等因素，这些因素中有利有弊。所以，在当前社会要做好大学生文化认同研究，更好地了解大学生，从而对其进行思想政治教育，促进其树立正确的文化认同观念。

（4）大学生文化认同的研究是国内外环境的时代要求。"我国正处在大发展大变革大调整时期，国际国内形势的深刻变化使我国意识形态领域面临着空前复杂的情况。"[1] 随着全球化的加剧和国内外社会氛围的改变，大学生也在面临着诱惑和挑战。西方的各种社会思潮和价值观念影响着大学生的生活方式和价值观，社会环境也呈现出多元化的特点。对于多元化的社会，我们要批判地、辩证地去看待。其中，有利的是多元文化可以使其他优秀文化传入我国，大学生可以借鉴；不利的是大学生由于价值观可能尚未确立，导致他们在面对诱惑和迷惘时，立场不坚定，不能树立正确的文化认同。所以，作为教学的引导者，在历史教学中，要教导学生学习、了解中华传统优秀文化、革命文化和社会主义先进文化，由此使大学生树立正确的文化认同观念，同时，面对外来文化，需要取其精华，去其糟粕。

另外，文化随着社会经济的发展和法律法规的健全受到重视。构建中华优秀传统文化、革命文化和社会主义先进文化组成的文化体系，有利于增强我国的文化软实力，有利于提升综合国力。

党的十八大将立德树人作为教育领域的根本任务，提出培养德智体美劳全面发展的社会主义接班人。十八大以后，中国特色社会主义进入新时代，国家做出了优先发展教育，建设教育强国的部署。孔子曰："德若水之源，才若水之波；德若木之根，才若木之枝。"，由此可见立德树人的重要性。教师若想完成立德树人的目标，则要培育学生形成社会主义核心价值观，而加强中华优秀传统文化教育，则是贯彻社会主义核心价值观的重要途径。家国情怀作为中华优秀传统文化的一部分，自有其独特的价值。无论是"修身、齐

---

① 史一棋.坚定文化自信建设社会主义文化强国［N］.人民日报，2017-09-16（006）.

家、治国、平天下"的经世治国的理念，或是"家国同构"的概念，家国情怀的内涵广泛而深远，但无论怎样定义，它都根植于传统文化之中。《完善中华优秀传统文化教育指导纲要》中明确提出"开展以天下兴亡、匹夫有责为重点的家国情怀教育。"

2014年2月，习近平总书记在主持中共中央政治局就培育和弘扬社会主义核心价值观、弘扬中华传统美德进行第十三次集体学习时，第一次提出"增强文化自信和价值观自信"。而后在多个会议上提到文化自信的观点，强调文化自信的重要性。在新时代，中华民族千年累积的智慧有助于"两个一百年"奋斗目标、中华民族伟大复兴的实现。习近平总书记在2016年7月1日召开的中国共产党成立95周年大会上指出，"文化自信，是更基础、更广泛、更深厚的自信。"2017年10月，习近平总书记在中国共产党第十九次全国代表大会上强调，"文化兴国运兴，文化强民族强。"由此可以看出，文化的重要性。

随着我国经济水平的发展，文化自信逐渐树立了起来，而文化自信是国家富强、民族振兴的前提，受到党和国家的高度重视。2014年3月，教育部印发了《完善中华优秀传统文化教育指导纲要》，强调"加强对青少年学生的中华优秀传统文化教育，要以弘扬爱国主义精神为核心，以家国情怀教育、社会关爱教育和人格修养教育为重点，着力完善青少年学生的道德品质，培育理想人格，提升政治素养。强调分学段有序推进中华优秀传统文化教育，把中华优秀传统文化教育系统融入课程和教材体系，全面提升中华优秀传统文化教育的师资队伍水平，着力增强中华优秀传统文化教育的多元支撑"。对大学生进行中华优秀传统文化教育，有利于培育大学生的文化自信和价值自信。

在2016年教育部修订的历史课程标准中具体提出了唯物史观、时空观念、史料实证、历史解释、家国情怀五大核心素养。韩愈曾言"师者，所以传道受业解惑也"，然而在社会的不断发展中，对于教育者则提出了更高的要求，教师的作用不仅在于传授知识解答疑惑，更在于如何培养出全面发展的人。随着新课程改革的推进，历史教师培养学生有了具体方向。教师要秉承将学生培养成具有家国情怀的青年的信念。历史是人文性学科，教育强调以人为本，以学生为中心。

文化对于国家的影响力随着全球化的加剧而增强。改革开放以来，人们的生活水平随着我国的经济水平的提高而提高，但是我国人民传统的价值观念却因当前社会多元文化的冲击而开始动摇。这是由于在人的世俗经验层面，价值的文化超验性无法验证，而且功利性在逐渐侵入人们的生活，使人们开始忽视价值理念的守护，导致对优秀传统文化、民族文化产生错误认识。文化相当于一个国家、民族的血脉和灵魂，丢失了文化对于国家而言是十分可悲的。为了更好地建设社会主义，2011 年 10 月，中国共产党第十七届中央委员会第六次全体会议提出了"培养高度的文化自觉和文化自信"。作为社会主义事业的建设者和接班人，青年大学生正处于确立三观的关键期，在高校进行正确的文化价值观培养对于大学生是十分有益的，同样也有利于社会主义现代化建设。在文化价值观的培养中，文化自信十分重要，文化自信的重要来源之一就是中华优秀传统文化。历史教育就是教授学生中华优秀传统文化的途径之一。历史作为人类社会一切事物发展的客观过程。在历史教学中，会帮助学生在潜移默化中树立正确的文化价值观。本书将以历史教学为视角，以大学生为主要的研究对象，来研究如何通过历史教学帮助大学生树立培养文化认同，树立文化价值观念。

第二节 研究意义

一、研究的理论意义

截至 2019 年 12 月，国内外对于文化认同的研究较多，且都比较深入，主要从社会学、教育学、哲学、心理学等角度出发，研究文化认同特点、文化认同路径、文化认同的结构与类型、文化认同意义和针对特殊群体的文化认同状况等内容。

但是对于大学生文化认同的研究，国内外相对不多。新时代背景下，对大学生文化认同概念、内容、现状、机制、存在的问题及其对策进行研究，有利于丰富历史教学文化认同领域的理论研究。

二、研究的现实意义

（一）加强大学生文化认同的培育

在目前国内外环境下，由于文化多元化的特征，各类因素都在影响着大学生文化认同，带来挑战的同时也迎来了机遇。对大学生文化认同进行研究，分析大学生文化认同的机制、内容、现状、存在问题及对策，这样才能对大学生文化认同提出针对性的建议。同时，有利于大学生传承和发展中华优秀传统文化、革命文化、社会主义先进文化，有利于弘扬社会主义核心价值观。

（二）增强大学生的文化自觉

大学生只有形成对中国特色社会主义文化的自觉和自信，才能够对中国特色社会主义文化认可，树立正确的文化认同。提高大学生的文化自觉和文化自信，增强大学生文化认同意识是大学生文化认同研究的关键问题。文化自觉是指，生活在某个民族的人应该了解自身文化的发展历程、发展趋势、特征和优势，从而在传承和发展传统文化的基础上，按照时代的要求来发扬文化。文化自信和文化自觉是辩证统一的，它们在大学生文化认同中发挥着重要的作用，对大学生文化认同领域的研究有利于大学生文化自信的提升和文化自觉的促进。

第三节 研究现状

一、关于文化认同的研究

（一）国内关于文化认同的研究

1. 关于文化再认识、文化认同的研究

（1）关于文化再认识的研究

美国当代政治家塞缪尔·亨廷顿认为，"文明冲突"模式在冷战结束后引起人们对文化的注意，并强调文化对全球政治的重要作用。与此同时，人们在界定自己的文化认同时，可以根据文化来判断。美国学者约瑟夫·奈则提出了"软实力"，他认为在软实力中文化非常重要。

（2）关于文化认同的研究

部分西方学者对"中国认同"有不同的认知，而后"中国认同"以中国文化为基础被西方重新认识。美国人类学家乔纳森·弗里德曼基于文化人类学的观点，对不同民族、国家人民重新塑造自己民族认同的行为进行了研究，

研究发现，国家综合实力随着民族、国家人民的文化认同度降低而减弱，也就是文化认同度在一定程度上决定了这个国家的发展趋势。

综上所述，学界对文化认同的阐述随着文化受重视的程度提高而更加具体、全面。文化认同对社会经济发展、综合国力的提高有着重要意义。文化也对国家软实力的提高、全球政治治理有着重要作用。在文化相关内容的研究中，国外的学者并没有直接提出"文化自信"这一词汇，但是这些学者对于文化认同的重新定位和文化的再认识，是"文化自信"的基础与前提。

2. 关于文化认同意义的研究

关于文化认同的研究，我国相关文献资料比较丰富，国内学者对文化认同的研究情况也不尽相同，总体而言，关于文化认同的问题也形成了多个不同的学派，主要可以通过三个方面来概括。

第一个方面是"人本说"。学者王成兵把认同危机看作是关于人学和哲学的问题，他认为，认同危机是存在于当今社会中的，关于认同危机的考察需要在全方位人学的角度下进行深层次的分析。邓治文从人类自由方面阐述了对文化认同的理解，他认为，完善和健全的人格是人类自由的标志之一，而对于文化认同的终极目标来说，其追求的正是这种人类的自由，因此，可以将以人为本、完善和健全的人格作为文化认同的内在价值。姜华从社会主义文化的角度出发阐述了文化认同的意义，他认为，文化认同的价值在于能够培养出合格的社会主义者，这种社会主义者不但对社会主义文化自觉地认同，而且对社会主义核心价值观充分地肯定，通常对社会主义文化的发展能够自主地捍卫。

第二个方面是"民族说"。"民族说"的学者主要是从民族发展角度对文化认同进行研究。郑晓云从文化群体的价值取向方面对文化认同做出阐述，她认为，文化认同对于文化群体有黏合的作用，文化认同的凝聚力贯穿于整个民族的形成与发展中。赵峰从中华民族的伟大复兴这一角度考虑，他认为，重建整个民族对于文化的认同，有助于对个体和世界的重新定义，有助于对于文化共同体的发展战略的重新定位。

第三个方面是"政治说"。秦宣从意识形态的角度出发对文化认同提出了自己的见解，他认为，社会思潮需要社会主义核心价值观的引领，这样不但可以整合不同的意识形态，而且可以稳固自身的思想文化，同时，整个民族的文化认同感会随着社会主义核心价值观的引领而增强。吴玉军、刘娟娟对于文化认同的分析主要是从文化安全的角度考虑，他们认为，文化认同可以筑牢文化之墙，是文化安全的核心所在，不但可以从总体上提升国家的文化安全，而且有助于整个民族找到自己的心理归属，凝聚出无比强大的文化团结，进而在国际舞台上提升国家感召力。

另外，陈东辉（2018）认为，当前文化自信从传统和网络两个方面考虑都具有重要的意义，同时他也从民族、国家和文化三个方面综合阐述了自己对文化自信重要性的看法。徐芳（2019）从中国特色社会主义建设的价值方面考虑，从人民、国情和理论三个方面分析了文化自信的价值。张君（2019）从党的文化建设和中国梦的角度考虑，从马克思主义理论和党的文化方向分析了文化自信的历史意义。陈春会（2019）认为，对于文化自信的价值来说，可以从理论和实践两个方面考量。从理论方面讲，文化自信丰富了马克思主义文化理论，沉淀了中国人的文化精华，对世界文化发展都具有重大指引意义；从实践方面讲，文化自信凝聚了新时代中国人民不屈不挠的为实现中国梦而奋斗的精神，是中国文化实力的有力体现。

总之，从研究结果来看，不同的学者对文化自信有不同的看法，但是总体上来说，对国家、民族和文化建设方面都有很重要的价值。文化自信是马

克思主义文化理论在中国的进一步发展，对于国家的文化安全、民族的精神凝聚和中国特色社会主义的建设都具有重要作用。对于文化自信的研究大多是从国家的角度出发，缺少对青少年和普通民众影响的关注。文化自信的主体是人民大众，人民大众对文化自信具有重要的推动作用，因此，应当加强文化自信对人民大众的意义的研究。

3. 关于文化认同结构与类型的研究

文化认同的结构与类型是相对独特的，关于这方面的研究也相对较少，只是有部分学者从自身领域出发对文化认同的结构与类型进行初步的探索，这一方面的研究尚处于起步阶段。郑晓云将文化认同大致上分为五类，主要有自然人工、文化在交融中得到的认同，文化在民族的分裂与融合中得到的认同、文化在主体辐射中得到的认同和强制人工。丁琴海将文化认同分为两种，第一种是开放的文化认同，第二种是混杂的文化认同。陈刚则认为，文化认同就是人的一切活动，存在于人的活动的所有领域。王沛认为文化认同主要由三个要素组成，分别是文化符号认同、文化身份认同和文化价值认同。邢媛将文化认同分成三种形式，第一种是关注身份认同的经验主义，第二种是聚焦个体心理、态度的功能主义，第三种是突出价值判断和选择原则的现实主义。现从三个层次分析了文化认同体系，第一层是表层，主要体现在对文化形式的认同，第二层是中间层，主要体现在对文化规范与准则的认同，第三层是核心层，主要体现在对文化价值的认同。

4. 文化全球化背景下的文化认同研究

随着文化全球化的迅猛发展，从 20 世纪 90 年代以来，认同问题成为中国少数民族文化发展的热门话题，如何应对全球化时代的文化挑战和文化认同危机已成为我国文化发展的一个迫切话题。有学者从创新的角度提出了民族文化要不断的突破和创新，要在继承自身与吸收他者中求发展，通过增强少数民族的文化自觉来适应全球化和多元化的发展趋势。也有学者从与时俱进的角度提出在文化全球化时代，一定要与时俱进地对传统文化进行重构和再建，达成新的文化认同，实现社会主义文化大发展大繁荣。全球化背景下文化不仅面临文化认同，还面临着文化变迁的问题。在文化认同与文化变迁方面，有学者认为，民族会有产生、发展和消亡的过程，而文化是伴随人类始末，且文化认同可以跨越民族，因而文化认同的范畴比民族认同更广。

5. 关于文化认同与文化自信的关系研究

文化自信的概念一经提出就引起了国内学者的诸多关注，目前学界已经对文化自信进行了比较深入的研究，而且已经从不同层次对文化自信进行了定义。刘林涛的文化自信观点体现在他的论文《文化自信的概念、本质特征及其当代价值》中，他认为"文化自信是文化主体通过对象性的文化认识、批判、反思、比较及认同，形成对自身文化价值和文化生命力的确信和肯定的、稳定的心理特征"。云杉从国家、民族和政党的方面考虑，他认为文化自信不但是对本国自身文化价值的充分肯定，而且坚定不移的认可本国自身文化生命力，这一点体现在他的《文化自觉、文化自信、文化自强——对繁荣中国特色社会主义的文化的思考》一文中。廖小琴对文化自信的定义则是从精神生活的需要方面考虑，她认为，文化自信是一种心理状态，这种心理状态体现了人们的价值理念，体现了人们对精神生活质量的满足，同样也是人们对于文化认同的结果，这一点体现在她的《文化自信：精神生活质量的新向度》一文中。张雷声从历史与实际的角度出发，他认为，文化自信不但是人们对于民族文化历史价值的肯定，而且是对民族文化当代发展的清晰认识，同时包含了对民族文化未来的信心，这一点体现在他的《文化自觉、文化自

信与社会主义核心价值体系》一文中。刘士林认为,文化自信是一种文化生命机能,这种机能不但具有超生物、超自然和超现实性,而且是人类通过主观能动性创造文化的具体形式,这一点体现在他的《中华文化自信的主体考量与阐释》一文中。

下面列举具有代表性的关于文化自信内涵的研究,主要是来自一些学者对于文化自信的阐述。隗金成、房广顺认为在当前时代的发展中,文化自信应当从两个方面进行解释,一是从马克思主义文化角度解释,二是从中华优秀传统文化角度解释,这方面的观点体现在他们的《当代中国文化自信的深刻内涵与动力源泉》一文中。严昭柱从文化历史的角度出发,他认为,文化自信是中华民族对自身在多年的历史中创造出的优秀传统文化、革命文化和社会主义先进文化的自信,这种自信在当代中国同样体现在社会主义核心价值观中,这一点体现在他的《在历史的启示中坚定文化自信,弘扬中华优秀传统文化》一文中。敖叶湘琼则认为,文化自信是中华民族对中国特色社会主义文化的自信,而且对中国共产党引领文化充满信心,对文化工作者的文化再创造充满信心,对普通民众的支撑文化充满信心。这一点体现在她的《文化自信的基本内容与实现前提》一文中。

在文化认同与其他文化概念的关系研究中,学者普遍关注文化认同与文化自信之间的密切关系。丹珠昂奔研究了习近平总书记关于文化自信、文化自觉和文化认同的讲话精神,提出文化认同是最深层次的认同,文化自信是更深厚、更广泛、更持久的自信,文化自知和文化自主则是文化自觉要重点解决好的问题。詹小美分析了历史记忆、文化认同、文化自信之间的关系,认为文化认同对于族群成员具有巨大的凝聚力,使成员产生归属感和自豪感,文化自信则是民族成员对所属文化持有的积极状态和文化确信,文化自信的确立来自历史记忆的时间表征和文化认同的空间存在。

6. 关于大学生群体的文化认同研究

（1）关于大学生文化认同危机成因的研究

关于大学生的文化认同，有些学者认为存在危机，相关学者对危机产生的原因主要从四个方面进行了不同的阐述与分析。第一，有的学者认为大学生的文化认同危机是由社会转型的负面影响导致的。比如，王玉丰就是从这个角度出发阐述了观点，他认为，目前我国特殊的社会转型期出现的不良思想和现象会造成大学生的文化困惑，这种困惑不但会影响大学生对文化的认同，而且会带来一定的认同危机。第二，有些学者认为大学生的文化认同危机是由于西方文化对我国本土文化的强烈冲击。比如，王春江等人从这个角度出发，他们认为，西方文化是对我国本土文化的一种侵略，这种侵略减低了大学生对我国本土文化的认同感。第三，有的学者认为大学生的文化认同危机是因为我国文化教育的缺失。比如，付蓓从这个角度出发，她认为，优秀传统文化教育目前尚未占据高等教育的中心，而且新媒体的出现也影响了大学生对我国优秀传统文化的认同。第四，有的学者认为信息环境同样影响着大学生的文化认同。比如，周静从这个角度出发，她认为，在这种互联网环境下，人们目前处在"微时代"当中，这种碎片化的生活方式影响着大学生的思维，也对大学生的文化认同造成不良影响。

（2）关于文化认同在大学生思想形成中的作用研究

大学生处在个人思想形成的关键期，文化认同和多元化的文化都会对大学生的思想产生影响，目前很多学生也关注这方面的研究。李庆华认为，无意识对大学生的思想以及行为会产生影响，他主要分析了认同对大学生思想及其价值观的影响，研究了思想的内隐与认同的联系。奚彦辉同样认为，外部对于个人的影响大多是在无意识的情况下，是具有内隐性的。赵宁认为对

大学生的文化认同教育应当增加中华传统文化与文明这方面的内容,这样"有助于增强作为教育主体的高校大学生的主观能动性""增强大学生对各种不良社会思潮的抵御能力,增强其对民族文化的自信心,对国家的自豪感,并将社会主义核心价值观自觉内化为个人的世界观、价值观"。

7. 关于青年文化认同的研究

（1）概念研究

在对青年认同问题的研究方面,埃里克森是国外研究此问题最早的学者之一。埃里克森阐述了青年是如何发展出有效的自我同一性的问题,而"自我同一性"也是由埃里克森提出的,他认为,青年人发展出有效的自我同一性可以利用生物本能、个体经验、文化背景和特定的历史事件。埃里克森认为,每个青春期的少年都会有一个基本发展任务,这个任务就是认同的构建,他认为,青春期的少年会有很多的疑问,比如"我是谁?""我应该怎样融入这个世界?""我要去哪里?"目前学界对于青年认同发展的观念也普遍与埃里克森的观点相符合。埃里克森还认为,青年经常会遇到身份危机,这是认同发展中普遍的问题。对于青年来说,身份危机是自身认同发展过程中必不可少的一段艰苦时期,这个时期的青年会自己思考这些问题,会自己寻找这些问题的答案。青年认同可能会有不同的结果,有的是正向的,有的是负向的。正向的结果体现为青年个人身份的形成,负向的结果表现为对成人角色的困惑。在青年成长的过程中,如果青年自身无法面对和解决这期间的问题,有可能会因对自身角色认知不足而出现认同危机,这对将来的生活、情感和行为都有可能造成负面影响。认同结果是正向的还是负向的,主要由四类情感决定,分别是信任与不信任、自主与羞耻和怀疑、主动与内疚、勤奋与自卑,这四类情感形成于认同开始之前。如果青年能够直面生活,接受并战胜了生活中的困难，会更容易发展自己的认同。

（2）认同模式研究

对于认同来说，它具有不同的层面，人们很难对其进行明确的界定，大多数学者主要对认同的发展进行研究。比如，詹姆斯·马西亚就对埃里克森的描述性研究方法进行了深度的拓展。他总结了埃里克森的经验，认为认同可以从三个角度考虑，分别是结构、现象和行为，他对认同的研究中引入了实证研究的方法，主要是为了突破心理结构和现象学的领域，找到一种可以看得见的行为。马西亚曾经使用两个变量对自我同一性进行探讨，这两个变量是探索和承诺。马西亚（1966）认为认同有四种不同的状态，分别是获得、暂停、传播和排斥，他提出了跟其他人不一样的认同状态模型，认为认同并不是只有两极分化的身份与角色混淆。一个人如果在暂停状态，那说明此时他还没有找到正确的价值观，即使当时他也在努力的探索。传播的特点是缺乏探索和承诺。排斥是指个人对自己的信仰有强烈的承诺，但没有积极探索其他选择。马西亚的模型将探索看作是一个正向的过程，认为探索是尝试不同的人生角色，选择不同的社会生活。当前对于认同研究认为，马西亚的模型主导着青年认同的发展。约瑟夫·艾穆布瑞克从道德的角度出发，研究了青年道德认同的发展，他认为，道德认知会确立自身道德形象，自身道德形象影响着道德认同的发展，而伦理身份与活动可以提高自身道德形象。

（3）影响因素研究

从目前的研究来看，青年的文化认同主要集中在对角色实验和承诺的探索，这可以当作是一种认同发展模式的基础。情境变量或生态变量在青年文化认同的发展过程中起到了中介的作用，这些变量可以是成人、同龄人，也可以是群体或人群，还有可能是依恋模式、教育机构、媒体、生活环境等，

通过这些不同的变量，青年才有了对于认同探索和反馈的条件，并且通过这些条件，青年可以验证认同的状态与承诺。对于不同的因素所起的作用，不同的学者有不同的观点。有的将同龄人群看作核心因素，有的则将个人环境提供的支持和机会看作是重要因素。奥基旺进行过相关的研究，他认为，同样的语言在认同发展过程中具有重要作用。

总之，由于不同文化、国情的影响，不同国家对文化认同的关注不同。国外的研究主要是从社会角度出发，从不同领域和学科进行研究，同时也采用不同的研究方法，从不同层面对文化认同进行了探讨。

8. 针对特定群体的文化认同研究

随着我国学者对文化认同的深入研究，其研究对象逐渐朝着具体化方向发展。近年来，部分学者以特殊人群为研究对象，对其文化认同情况进行了深入研究。通过对文献资料的梳理，发现学者近年来主要对大学生、青少年、华侨、少数民族等特殊人群进行了文化认同的研究。这些研究成果在一定程度上成为了我国文化认同学术界研究的风向标，受到众多学者的关注。

不仅学者关注了特殊群体的文化认同，习近平总书记更是对特殊群体文化认同的重要性做出了明确的指示。众所周知，我国是一个多民族国家，少数民族的国家文化认同程度，在无形中影响着国家的团结、安定，少数民族的国家认同以及对社会主义核心价值观的认同程度，也在极大程度上影响着我国社会主义道路的发展速度。正是在这种环境下，"四个认同"逐渐转变为"五个认同"，其中，就文化认同而言，始终强调各族群众对中华文化的认同，由此可以判断少数民族大学生的中华文化的认同应该是学界研究重点所在。就少数民族大学生对中华文化认同的研究而言，有学者认为，高校中华文化认同教育的价值取向应坚持"一体"文化认同核心、确立"多元"文化并存共识，切实发挥增强少数民族地区文化软实力、构筑边疆文化安全屏障、建立和谐民族关系等重大功能，着重从高校少数民族大学生中华文化认同教育内涵、注重培养其优秀人格、建立中华文化认同教育创新机制等方面探索实现路径。还有学者认为，加强对高校少数民族大学生实施中华文化认同教育是融洽民族关系、实现长治久安的需要，也是提升文化素养、培养合格公民的需要，实现主流文化引领、增强意识形态整合力的需要。而对少数民族大学生实施中华文化认同教育不仅要重视校园文化建设，营造中华文化认同教育的良好氛围，还要找准实施文化认同教育的着力点，只能加强不能削弱，其次还应该重视实践，拓宽文化认同教育的渠道。

（二）国外关于文化认同的研究

1. 哲学视角

学者查尔斯·泰勒从哲学视角对文化认同进行了深入研究，在其著作《自我的根源》中对认同进行了深入分析，并指出认同具有丰富性和复杂性。除此之外，在研究中泰勒同样分析了认同、善、自我意识、社会道德规范四者之间的关系。在书中泰勒对历史文化语境以及社会语境的作用进行了研究，并指出二者对现代性自我形成有一定的影响，并深入揭示了社会道德规范在现代性中的冲突性，并窥探了冲突性背后认同的内在张力。泰勒的研究成果对当前中国有积极作用。在泰勒理论的指引下，我们不仅找到了如何整合、利用社会文化来提升社会凝聚力，同时也找到了运用文化力量的方式方法，并以此来化解个人与社会的疏离感、孤独感，从而使人与社会达到和谐状态。

2. 文化人类学视角

学者威廉·哈维兰从文化人类学视角对文化认同进行了深入研究，从某种意义上来讲，威廉·哈维兰的研究方向具有创新性，为以后学者文化认同的研究提供了新方向。在他的《文化人类学》中，将人类发展历史作为整个研究的中心线，并对不同时期文化元素的功能与作用进行深入分析，如语言、婚姻与家庭文化、种族文化、社会经济制度文化、认同等。总的来说，威廉·哈维兰的研究主要立足于文化人类学视角，他对人类发展过程中文化的变迁进行了总结与分析，他倡导社会文化多元化发展，同时认为各种不同的文化应当和谐相处。

学者乔纳森·弗里德曼同样从文化人类学视角对文化认同进行了研究，在《文化认同与全球性过程》一书中乔纳森·弗里德曼对认同实践与历史图式构成之间的关系做了深入论述与分析。与此同时，他在研究中也对不同地域的文化认同进行了研究，如对希腊认同形成中的历史以及社会语境、夏威夷土著居民的认同建构以及刚果认同中的"自我策略"等。《文化认同与全球性过程》一书开辟了文化认同研究的新视角。此外，学者乔纳森·弗里德曼在研究文化认同时也指出，西方文明的传播在无形中推动了全球化进程，然而随着全球化的快速发展，并非消除民族认同以及文化认同中的问题，这主要是由于民族认同与文化认同是一个十分严肃的问题，是人们的精神寄托，同时也关系着民族兴亡。

学者乔尔·科特金从全球化经济对传统民族地区文化冲击角度展开研究，并在研究中指出，虽然那些传统民族地区受到了经济、文化全球化的影响，但是他们仍然可以保持较强的民族凝聚力，这在很大程度上源于他们自身始终可以保持文化认同，正是在文化认同的支撑下，他们身上始终具有相同的历史文化、信仰、习俗等。此外，在研究中乔尔·科特金也对未来人类连接纽带进行了一定的阐述，他认为随着经济、文化全球化的发展，地域的连接性逐渐淡化，而宗教、族裔、文化的连接性逐渐强化。

学者厄内斯特·盖尔纳从国家建构角度出发对个人文化认同展开研究，在研究中他认为一个国家形成的基础，是个人将文化认同与国家认同联系起来，并以文化作为国家的内部约束力。此外，还有许多国外学者从文化人类学视角对文化认同进行研究，如美国学者尼迪克特·安德森、布尔、基拉里等。其中学者尼迪克特·安德森的观点与乔尔·科特金的观点基本一致，他认为认同形成于个体行为互动过程之中，而国家则是由这些具有相同认同的人构建而成；学者布尔和基拉里则从微观角度以美国印第安人为研究对象，对认同在印第安人生活学习中的作用进行分析。

3. 社会学视角

学者豪格和学者阿布拉姆斯从社会学视角对文化认同展开了研究，在《社会认同过程》一书中重点对文化认同形成过程中的众多影响因素进行了研究，如意识形态、从众、语言、沟通等等。从社会学视角对文化认同进行深入研究，不仅让我们了解到文化认同的形成机制，同时也能够让我们了解文化认同形成过程中的表现形态，以及对社会的作用。

学者曼纽尔·卡斯特在《认同的力量》一书中对文化认同进行了深入研究。他认为当前信息化以及全球化对国家意识形态有巨大的影响作用，它可以影响一个地区和国家的意识形态。在此基础上学者曼纽尔·卡斯特将研究重点放在网络社会与群体认同，通过研究他认为无论是社会运动还是政治运动，在很大程度上都受到网络社会的影响。曼纽尔·卡斯特的研究可谓是意义非凡，在其研究的作用下，我们不仅重新审视了信息化背景下科技与社会变迁的冲突，同时也清楚地认识到科技发展背后的集体认同，并制定出有针对性的文化认同应对措施。

4. 心理学视角

著名心理学家亚伯拉罕·马斯洛从心理学角度对文化认同展开研究，在《动机与人格》一书中，他对人的各种需求进行归类并划分等级，从而证明人性的复杂。在人性复杂理论基础上，他对人类自我追求、自我超越的心理机制进行了深入分析，而这种心理机制在一定程度上可以作为"审视工具"，帮助我们寻找人体在精神和心理上的契合点，并使人在这个契合点上实现文化认同，与此同时通过发挥文化认同的作用，反过来帮助人类实现自我追求、自我超越的心理机制。学者埃里克森在研究文化认同时指出心理问题是每个人必须要面对的，无法逾越和逃避，而文化认同问题和文化认同危机感同样如此。学者梅凯·沃肯坦从社会心理学的角度对特殊人群（移民）的文化认同进行研究，在研究中他肯定了移民丰富了当地的文化，使其朝着多样化发展，但是移民也产生了文化认同问题，从而导致地区文化冲突、心理归属感降低、社会团结度低等方面问题。

（三）研究现状评述

纵观国内外文化认同理论研究，可以清晰地发现学者对文化认同研究的重视程度很高，且研究方向、角度也较广，这些为学术界未来研究提供了较大的便利，然而通过对文献资料的梳理发现，当前学术界关于大学生文化认同的理论研究相对较少，且关于大学生文化认同的理论研究较为滞后，存在一定的不足，具体表现在以下两个方面。

第一，缺乏系统性。虽然国内外学者从不同程度上对大学生文化认同进行了研究，并形成了一定的理论成果，然而其成果形式主要是期刊论文，从而导致大学生文化认同研究深度不足，且其研究成果难成体系，对此这就需要学者在以后研究中加以完善。首先，在研究中进一步深入阐述大学生文化认同内涵，并对大学生文化认同内容进行归纳总结；其次，深入、系统地分析大学生文化认同现状，并在研究中找出影响大学生文化认同的因素；最后，对现有大学生文化认同理论进行细化分类，使其逐渐形成完整体系。

第二，研究手段单一。目前国内外关于大学生文化认同的研究大都属于判断性研究，而鲜有实证研究。以"大学生文化危机"方面为例，大部分学者均是从理论角度出发，对大学生文化认同内涵、大学生文化认同危机影响因素等进行论述，而后学者凭借自身工作经验或者理论经验，对其进行总结，这种研究缺乏一定的实证支持。以此种研究手段对大学生文化认同研究的理论仍有许多，如在对大学生文化认同现状、大学生文化认同教育策略等，学者多数情况下以理论经验的方式进行研究，虽然有部分学者通过问卷形式进行实证研究，然而问卷样本的有效性难以得到证实，且问卷调查对象选择过于随意，从而影响问卷调查数据的准确性，最终导致研究缺乏科学性。

二、关于历史教学的研究

历史具有一定的人文性，也正是由于历史学科的这一特性使其成为培养学生爱国情怀的关键学科。随着我国教育的深入发展，历史学科得到了人们的认可，越来越多的学者投入到历史教学理论研究当中。其中学者朱汉国、郑林在《新编历史教学论》中对历史教学理论进行了深入探讨，指出在实际教学中教师应当遵守课程教学标准，并注重对学生人文素养的培养，使其成为社会主义事业发展的合格人才。赵亚夫和齐健在《历史教育价值论》中表示，历史教育的本质是人文素养和家国情怀教育的整合，历史教学应注重培养出具有正确人生观、价值观的学生。由此可见学者们都认为历史学科作为

一门人文性质的学科，需要注重学生人文素养的培育，而家国情怀素养正是人文素养的典型代表之一。

（一）历史深度教学的研究

1. 理论研究

深度教学这一概念脱胎于国外的深度学习研究。在国外，深度学习与深度教学的研究相互交叉，互相促进，两者并无明显边界，且直接涉及深度教学的研究并不多。

在教育领域中，深度学习的思想早已有迹可循。1976 年，马顿和萨尔霍就明确提出了深度学习的概念，他们通过一个阅读实验发现学习者处理学习材料的深浅有所不同，据此明确了学生的学习可分为浅层学习与深度学习。1999 年彼得·萨克斯在其书中分析了深度学习与浅层学习的差异，他认为浅层学习是指"运用立即回忆和事实信息的技能"，而深度学习则是"涉及对各种信息来源的综合和分析，以解释这些信息，解决复杂的问题，甚至可能创造一些有趣的和新的东西"。在此基础上鲁丝·威尔森进一步区分了深度教学与浅层教学，指出深度教学"强调反思、讨论和真诚的表达，是一种触及学生情感的教学"。之后加拿大的艾根 K 教授开展了"深度学习"（简称 LID）项目，通过对公立学校课堂学习及教学问题的分析，对深度学习的相关理论做了进一步的阐释，强调学生深度学习的实现需要教师深度教学的引导与辅助，将研究视角从学生拓展到了教师，促进了深度学习研究向深度教学研究的转向。此外埃里克·詹森等人进一步建构了深度学习路线（DELC），提出了七种教学策略，为教师的深度教学提供了指引。至此，国外深度教学的理论框架基本搭建起来。

国内这方面的系统研究最早可追溯到华中师大的郭元祥教授，他于 2006 年就开始了系统的理论与实验研究，并于 2019 年出版了专著《深度教学研究

（第一辑）》，书中对郭元祥教授及其研究团队在 2006 年以来取得的研究成果进行了汇总，较为系统地搭建起了深度学习的理论框架，对深度学习的理念及基础做了详细的阐述，同时还结合教师专业素养、课堂教学改革、课程改革及具体学科等论证了深度教学的运用。四川师大的李松林教授也对深度教学做了较为全面深入的研究，其著作《回归课堂原点的深度教学》指出当前课堂教学存在的主要问题是"偏离了课堂教学的四个原点问题，即智慧与生命、学科与教材、知识与能力、学习与发展"，并在此基础上探讨了深度教学的四个基本命题和实践框架。

2. 实践研究

（1）关于历史深度教学的研究

在理论研究推进的同时，其实践研究也愈来愈受到广大教育工作者的关注。他们以深度教学理论为基础，以课堂教学为主要阵地，探讨了深度教学在课堂实际教学中的实践运用，致力于深度教学的学科化，然而研究主要集中于初等教育与中等教育。就历史学科而言，研究中学历史深度学习的成果较多，而专门研究中学历史深度教学的成果相对较少。其研究成果又主要集中于以下三个方面：

一是历史深度教学的实践路径。这是当前历史深度教学研究的核心议题，学者们依据自身对深度教学内涵及特征的理解，结合历史学科的特性，从不同角度提出了历史深度教学的实践策略。其中陈志刚教授从意义学习理论出发，强调历史深度教学应关注学生知识的运用、联系、同化与迁移，以及对知识内涵与外延的把握。孙寒则是从教学的具体环节出发，对高中历史深度教学的课前准备阶段、教学实施阶段及课后反馈阶段分别提出具体的实施建议。这些研究多侧重于高中历史，对于深度教学在初中历史中的策略研究较少，但也为初

中历史深度教学的策略研究提供了借鉴与参考。二是历史深度教学与核心素养。不少学者在研究中发现历史深度教学与历史学科核心素养存在着密不可分的联系。例如，沈建通过探讨分析得出"高中历史深度教学与历史学科核心素养在知识观、学习观上存在一致性"。两者存在着共同交融的一面，在内涵上存在一致性。黄静也强调深度教学"是历史学科教学走向核心素养的一个突出表现"，并依据具体案例分析得出历史深度教学应是提炼"核心知识"（概念）、设问"逻辑导向"、追求"通透教学"、体现"学科魅力"的教学。

此外还有不少学者从历史学科核心素养的某一方面入手，分析在某一素养导向下的历史深度教学策略。如陈昱静以历史解释能力的培养为目标，建构了基于历史解释能力培养的理论图景，进而通过相关案例分析得出实施建议。刘建兵则分别探讨了历史概念深度教学对培养时空观念素养的重要性、历史现象深度教学对培养唯物史观素养的重要性及历史结论深度教学对培养历史解释素养的重要性，并分别提出了相应的教学策略。这些研究进一步明确了历史学科深度教学的价值与意义。

三是历史深度教学的典型案例研究。历史深度教学的研究者多为一线历史教师，他们常常以某一具体案例为依据进行历史深度教学研究。例如贾雪枫以统编版七年级上《三国鼎立》一课为例，强调初中历史深度教学要浸润思想文化，调动学生已有的经验，训练学科能力与思维。刘波根据自己具体的教学实践，提出进行历史人物的深度教学可从凝练课魂、整合资源、涵养情怀三个方面着手。陈只信以统编版七年级上《诸侯纷争与变法运动》一课为例，认为历史深度教学策略应包括课魂凝练的教育立意、多元史料的教学架构、问题探究的教学方案、历史解释的教学实施。田红彩以统编版八年级上《经济体制改革》一课的教学为例，认为"整体把握知识结构是初中历史深度教学的基础，挖掘背景知识是初中历史深度教学的前提，设计系列问题是初中历史深度教学的突破点，材料研习、尝试论证是初中历史深度教学的必经途径，整体建构、深入拓展是初中历史深度教学的落脚点"。这些案例研究为本书的案例设计提供了有益的参考。

综上所述，通过对国内外深度教学研究成果的梳理与分析，国内深度教学研究晚于国外，但是自 21 世纪初以来，深度教学已逐渐受到我国教育界的关注与重视，现今深度教学的理论研究已取得了较大的成就，包括深度教学内涵、特征、理论基础、策略等，已形成了较为完善的理论框架。但是目前研究仍有不足之处：首先，研究成果较为零散，多以论文形式呈现，系统著作较少；其次，近年来研究主要集中在理论的建构与完善，与理论研究的飞速发展相比实证研究显得较为薄弱，理论与教学实践没有得到有效结合；最后，就历史学科深度教学研究而言，现有研究成果较少且不够系统深入，研究重心又多集中于高中历史深度教学，对于初中历史深度教学的研究较少，仍有待进一步的深入研究。

（2）关于历史图片功用研究

越来越多的学者和一线教师意识到历史图片在中学历史教学中的特殊功用。大部分学者都认同历史图片能激发学生学习兴趣，如白月桥认为历史图片能较真实地还原历史，帮助学生理解历史概念。宋振诏结合学生的心理认知特点对历史图片教学功能进行了深入研究，并在研究中对历史教科书是的图片功能进行了总结。首先，历史教科书中的图片具有直观作用。通过历史图片，可以将历史书中部分微观、抽象内容形象化，从而提升学生的感性认识，这对于构建学生系统化知识系统具有积极促进作用；其次，历史教科书中的图片具有激励作用。通过历史图片教学，可以培养学生严谨的学科精神、钻研精神。除此之外，历史图片还有传递历史信息、感知历史、形成历史表象、培养思维能力等功用。如黄牧航认为历史图片具有传递历史信息、帮助

学生形成历史表象、发展学生审美能力三大功能。赵恒烈总结历史图片在中学生思维发展中的作用——用语言再建历史形象的能力和用历史图片证实历史问题、分析历史的能力。

总之，历史图片主要有激发学习兴趣、传递历史信息、形成历史形象和发展学生思维等功能。大多数学者和教师在思考历史图片的功用时，都将历史图片激发学习兴趣这一功用置于首位。这也反映历史图片本身含义和育人价值有待深入挖掘的研究状况。

（二）关于高校历史教学面临的新形势

近十年来，高校历史教学一个明显的特征就是面临着诸多的新形势，即一些新事物、新理论的出现对历史教学提出了新的要求，这一点可以说比以往任何时候都更加突出。就现有研究成果来说，大家关注的主要有以下几个方面：

1. 史学危机

这是进入 21 世纪以来渐为人熟知的一个提法，也是造成高校历史教学困境的重要原因之一。刘辉萍认为，当前社会的功利思想导致历史专业的学生就业难是历史学日渐衰落的最直接原因，有鉴于此，大学的历史教学应多介绍本学科的研究前沿，拓宽学生知识面，重视实践。[①]

2. "公共史学"

这一概念近年开始流行，以此为标准，有学者发现我国高校历史教学面临越来越大的困境，为更好地满足公众需求，要更为慎重且大胆地规划高校历史教学，要使公共史学与学院派史学分野。[②]

---

① 刘辉萍 . 史学危机与高校历史教学改革刍议［J］. 文教资料 .2007，（30）：67-68.

② 赵亚夫 . 公共史学与高校历史教学［J］. 甘肃社会科学 .2014，（1）：91-92.

3. 口述史

口述史虽然兴起较早，但在我国受到重视应该是始于 20 世纪 80 年代，这一新颖的史学方法在高校历史教学中也被认为有着重要的应用价值，有学者将其概括为三个方面：有助于抢救即将逝去的鲜活资料，有助于改善高校历史教学模式，有助于提高学生的逻辑思维能力。[①]

4. 生态教学理念

这一理念是将德国学者恩斯特·海克尔提出的生态学与教育学相结合而产生的新的教学理念。朱敏对这一教学理念在高校历史教学中的有效性作了分析，认为高校历史课堂可以视为一个微型生态环境，教师要时刻密切关注所有学生的学习动态，尤其要竭尽所能地帮助那些学习上存在困难的学生。[②]

5. 对人文精神的培养要求越来越高

今天，高校学生人文精神的提高，已引起越来越多的关注，目前的高校历史教学在很多方面与人文教育还不适应。有鉴于此，郭学信强调高校要树立以人为本的教育理念，优化教学内容，重视学生主体地位，大力倡导多元的评价体系和方法，同时加强教师自身的人文素养，不断提升教师的审美品位。[③]

6. 多媒体教学普及

针对高校历史教学中多媒体使用的普遍化，一些学者也开始总结其中的利弊，如汤慧玲指出，多媒体辅助教学一方面大大提高了教学效率和学习效率，但另一方面也存在过分依赖多媒体，学生消化困难的问题。[④]

[①] 李美荣，李珍梅.口述史在高校历史教学中的应用价值［J］.史志学刊.2013，（5）：98-101.

[②] 朱敏.生态教学理念在高校历史教学中的有效性分析［J］.中国科教创新导刊.2013，（5）.

[③] 郭学信.人文教育与高校历史教学改革［J］.历史教学问题.2007，（6）：86-88，105.

[④] 汤慧玲.高校多媒体辅助历史教学的思考［J］.辽宁行政学院学报.2006，8（12）：140+148.

（三）关于高校历史教学存在的问题

对于当前高校的历史教学，很多学者都已认识到存在的问题很多，这些问题往往并不局限于某一所高校，而是作为一个通病困扰着每一位教学者。大家对于这些问题的认识也是比较统一的，就已发表的论文来看，备受学者诟病的问题主要有以下几个方面。

1. 教学方法呆板

如王国强指出，"填鸭式"教学仍占主导地位，基本还是"一张嘴、一本书、一根粉笔"的格局。[①] 当然，如果教师一味求新，舍弃传统，也有矫枉过正之嫌，这在当前也是一种客观存在，如吴珍就批评一些所谓的教学方法创新流于形式，一些教师不顾学生的实际能力，不考虑教材内容是否适合，盲目照搬别人的新教学法，片面追求课堂的轰轰烈烈，结果学生真正掌握的知识量很少。[②]

2. 教学内容单一

如李响沅认为历史专业教材在体系编排和内容设置上都没有发生可喜的变化，一些新成果没有及时出现在教材中，高校历史系培养出的人才脱离社会现实，不能很快适应市场经济下对职业素养的要求。[③]

3. 考评体制陈旧

李储林在《当前高校历史教学现状与改良途径探析》一文中指出，目前在对学生学期成绩的评价上，大都采用闭卷的考试方式，内容不外乎书本知识和课堂笔记，还停留在应试阶段。[④]

---

① 王国强.优化高校历史课堂教学之我见［J］.中国校外教育（理论）.2007.（8）：120.

② 吴珍.高校历史教改存在的问题及对策［J］.时代教育.2013.（9）：188-189.

③ 李响沅.对高校历史课堂教学的探讨［J］.神州.2013.（3）：188.

④ 李储林.当前高校历史教学现状与改良途径探析［J］.贵州教育学院学报.2007.（6）：13-15.

4. 学生学习兴趣不高

相信大多数历史教师都有这种感觉，课堂上死气沉沉，学生听课的注意力十分涣散，甚至玩手机、睡觉者亦不在少数。

5. 重科研轻教学

这一现象在当前的高校教师群体中已然十分普遍，其背后的根源还在于现行的高校职称评审制度。对此，已有很多学者著文探讨，如汪增相《大学教师重科研轻教学的原因及对策》。① 不过正由于这是一个普遍现象，所以还没有学者专就历史教师来探讨。

据此可见，当前高校历史教学中存在的问题已涉及教学过程的方方面面，值得每一位教育从业者忧虑和深思。由于这些问题已基本得到大家的共识，因此本文就不再详细介绍每一位学者的观点，而是综括言之。

（四）关于解决问题的方法

针对上文所提到的高校历史教学中存在的问题，学界提出了很多解决的办法，主要涉及以下几个方面。

1. 提升学生的科研探索兴趣和能力

这是大家最为关注的问题，也是研究成果最丰富的领域。有学者提出，教学的重心要由史事的讲授转向历史思维方式的培育，包括：引导学生阅读哲学政治学书籍，以联想的方式解构不同历史人物的行为，以质疑精神引导学生对约定俗成的历史结论提出自己的见解。② 鄙意以为，这一观点也有些矫枉过正，甚至想当然了。历史观点的形成必须建立在扎实的史事了解及资

---

① 汪增相 . 大学教师重科研轻教学的原因及对策［J］. 管理学刊 .2010，23（5）：83-85.

② 欧德良 . 高校历史专业探究式教学的实践与思考［J］. 河池学院学报 .2010，（1）：78-80.

料分析基础上，如果忽视这一基础，凭空联想、质疑，得出的结论很难令人信服。至于个别学者提出的借鉴《百家讲坛》的成功之道，提升授课的趣味性的建议，也有商榷的余地。① 类似于"说书"的授课方法可以提升学生的兴趣，但并非所有的历史问题都可以采用《百家讲坛》式的演说，而幽默的语言、过硬的口才严格来说也不应是每位历史教师的必备素质，教师没必要都口若悬河。还有学者认为高校历史教学中创新能力的培养要注重两个大的方面：一是要树立创新理念，创新教学内容，开展研究性教学，教师从知识的传授者转变为学生学习的指导者，积极发展学生的求异思维；二是要组织学生参加学术会议和社会实践，以此加强创新素质的培养。②

蒋道霞认为高校历史学科的理想教学模式应该是研究性教学，即学生在教师指导下，从学习生活和社会生活中选择并确定研究专题，用类似科学研究的方式，主动获取知识、应用知识、解决问题。其实施的程序应该是：（1）教师介绍课程相关知识，启发学生自学；（2）教师引导学生充分讨论，提出问题；（3）学生搜集史料，分析史料，解决问题；（4）学生阐述自己的研究成果，师生共同研讨；（5）学生上交学术论文（学期研究成果），教师评定成绩。③

与研究性教学相对应的，还有学者探讨高校历史教学中的研究性学习。郭学信认为研究性学习是一种以问题或专题研究为典型特征的学习方式或教学方式，是当前高校教学改革的一大亮点，高校历史教学中研究性学习体系的构建，要注意以下几点：（1）教师转变角色意识，树立"以学生为本，自主发展"的教学理念；（2）优化课堂教学内容，减少授课时数，通过确立学

① 李义芳.《百家讲坛》对高校历史教学改革的启示［J］.沙洋师范高等专科学校学报.2007，（2）：78-80+84.

② 于耀洲，邢丽雅.谈高校历史教学中创新能力培养［J］.教育探索.2006，（4）：8-9.

③ 蒋道霞.研究性教学：高校历史学科的理想教学模式［J］.产业与科技论坛.2006，5（2）：117-119.

习主题、撰写读书报告、开展课堂讨论等方式积极营建参与式的教学体系；
（3）改革考核评价方法，加强对学生自主学习意识与质量的考核评价。[①]

姬庆红、王延庆认为高校历史课堂教学中必须加强学术训练，具体要从三个方面努力：一是注重学术史；二是通过即兴研讨、专题研讨、问题小组等方式使课堂研讨多样化；三是通过读书会、文献分析报告会等方式提高学生的能动性。[②]

2.转变教学观念，革新教学内容，创新教学方法

李储林强调要树立开放性和多元化的教学目标，即老师要树立历史为现实服务的思想，充分重视情感态度、价值观的培养和教育，从学生的发展出发；确立学生在历史学习过程中的主体地位，增强其学习主动性。[③]

有学者结合历史学的特征，认为高校历史专业的教学应该突破微观视角的局限，坚持宏观视角，立足世界史，高屋建瓴地讲授国别史和专门史，在纵向上注重因果关系分析，横向上注重历史事件的比较。[④] 还有学者提出"史料应用研究型教学"的概念，认为通过史料的媒介作用可以让学生更清晰、真实地掌握历史知识。[⑤] 其实我国高校历史课堂一向注重援引文献资料，但如果像该作者那样强调太过，一方面教学时间不允许，另一方面也会造成学生的史学认知碎片化，不利于把握历史发展的脉络。

---

① 郭学信.研究性学习与高校历史教学改革［J］.历史教学（高校版）.2008，（8）：90-93.

② 姬庆红，王延庆.在高校历史课堂教学中加强学术训练［J］.历史教学问题.2014，（2）：125-126.

③ 李储林.当前高校历史教学现状与改良途径探析［J］.贵州教育学院学报.2007，（6）：13-15.

④ 权小勇.试论历史的特征和高校历史教学的内涵［J］.社会科学论坛.2008，（22）.

⑤ 吴晓莉.高校历史学科史料应用研究型教学可行性探析［J］.黑龙江史志.2010，（19）：142-143.

在考核方式上，于志勇结合他在内蒙古师范大学历史文化学院的教学经验，认为不应单纯地强调期末的闭卷考试，要把考核引入到平时的教学过程中考查学生学习和掌握专业知识的程度和投入的学习努力程度。① 今天绝大多数高校都将平时成绩纳入了学生的最终期末成绩，但往往给分比较随意，还很不成熟，对此，于志勇给出的五个角度——题目、结构、观点、资料、理论等就比较有参考意义。

对于多媒体辅助教学，刘新慧认为具有多种优势，但在实际教学过程中必须注意合理使用，如要认清多媒体教学只是一种辅助手段，不能代替教师的全部工作，要注意多媒体教学课件的合理建设，同时不应忽视传统的教学手段。②

3. 不同高校、不同专业方向要有不同的教学方法

由于高校有部属、地方之分，历史学有世界史、中国史之分，与之相关的教学方法也有所差别，一些学者已开始注意到了。如熊英针对地方高校的历史教学改革提出了自己的建议，其中一些观点值得我们思考，如适量压缩通史课程，增加专门史必选课、专业理论课、实践教学课、研究性学习课等，另外还要尽量做到教学人力资源共享。③ 针对世界古代史的学科特点，有学者主张高校教学改革要做到以下四个方面：在教学内容上突出文明史的特色；进行"发散式"教学；在教学活动中体现学科综合性的特点；追求教学内容的情景化、直观性、艺术性。④

---

① 于志勇.高校历史专业课程教学思考——以中国古代史教学为例［J］.内蒙古师范大学学报（教育科学版）.2010，（9）.

① 刘新慧.谈多媒体网络在高校历史专业教学中的运用［J］.文教资料.2008，（34）.

② 熊英.地方高校历史课堂教学内容与方法改革刍议［J］.历史教学问题.2009，（2）：77-79.

③ 杨凤霞，高磊，李丽玲.历史教学应放宽视野——高校世界古代史教学改革的探索与实践［J］.绥化学院学报.2006，26（4）：174-175.

以上这些学术成果既有理论层面的思考，也有实践经验的总结，反映了近十多年来关于高校历史教学研究所取得的显著成绩，也将对此问题的研究推向了新的高度。总体来看，对于高校历史教学中存在的问题，学界已有较为深刻清晰的认识，但针对这些问题所提出的建议还太笼统，缺乏建设性、可操作性，尤其是对学生自主学习的强调还不够。我们知道，历史学的学习和研究，最根本的还是要回到书本和资料上来，要想方设法指导、激励学生去阅读、分析文献，学会使用工具书，这应该是高校历史教学的重要任务，也是我们研究历史教学法的重要任务。如果我们单纯关注教师的授课，效果难免大打折扣，甚至事倍功半。另外，对高校历史教学方法的探讨已不再仅仅是高校历史教师的任务了，各级政府的教育主管部门、高校行政管理人员、社会学家、心理学家等都与有责焉，例如历史专业学生就业率的低迷造成学生学习积极性的下降，历史教师舍教学而逐科研，这些问题单靠高校教师的努力是无法彻底扭转的。

三、关于历史教学中文化认同教育的研究

（一）国内历史教学中文化认同教育研究

1. 历史教学中的家国情怀

关于家国情怀的解释有很多种。学者徐文秀认为家国情怀是一种爱，是个人对国家的爱，而这种爱的背后则体现了个人对国家和民族的高度认同。此外，通过对家国情怀文献资料的梳理，发现部分学者认为"家国情怀"源自于"家国一体"的思想，如学者舒敏华，她在《"家国同构"观念的形成、实质及其影响》研究中认为家国同构的观念最早可以追溯至西周宗法制形成伊始，并

认为"家国同构"观念的本质内涵即忠孝合一，而家国同构这一思想观对传统政治和现今社会都产生了重大影响。除此之外，我国仍有很多关于家国情怀的博硕论文资料，在这些资料中学者从不同角度对家国情怀进行论述，并阐释自己的想法，提出培养学生家国情怀的教学方法与策略。学者梁佳斌在《高中历史教学中的家国情怀教育》研究中，站在时代发展的角度，对家国情怀的内涵、作用意义展开分析，同时他也对高中历史教学中如何培养学生家国情怀做出了说明，学者认为家国情怀的培养需要结合新课标改革要求，并通过多元化的教学方法提升高中历史课堂教学效果。另外，杨清虎在《"家国情怀"的内涵与现代价值》一文中对家国情怀进行了深入论述，学者认为"家国情怀"是我国传统文化的一部分，并深入剖析了家国情怀的内涵。

由于当代中学生对历史鲜有直观的感受，以及课堂教学的局限性，中学生的家国情怀素养有所缺失。基于中学生家国情怀素养的缺失，应积极探索如何培育学生的家国情怀。张聪聪在《初中历史教学中家国情怀的培养》一文中表示应从理解课程标准中家国情怀的内涵、充分挖掘教材、运用典型案例、多开发相关校本课程这四个方面来培养学生的家国情怀。郭菲菲在《基于家国情怀的高中历史教学研究》中结合当代的教育现实状况，分析了目前学校教育中家国情怀缺失等问题，提出了相应的解决措施，并以西安某中学为例，将其理论研究运用于实践教学中。关于家国情怀教育的渗透途径，有研究者认为可以从精心研究教学设计和改进教学方法等方面进行家国情怀教育。汪民英从历史传统及国内外形势出发，认为可通过近代列强侵华战争史的教学，培养学生家国情怀。笔者也觉得战争史是培育学生家国情怀的较好的切入点，良好的课堂教学不仅能唤起学生的爱国之情和对历史的敬畏之心，更能树立学生的民族意识和世界意识。李林雪在《中学历史教学中家国情怀的培养研究》中罗列出了中学历史教材中家国情怀教育的知识内容，然后从树立家国情怀的培养观念、指定具体目标、挖掘课程资源、采用丰富的教学方法以及开展多样的教学活动五个方面具体阐述了如何在中学历史教学中培养家国情怀素养，对笔者具有一定的参考借鉴意义。孙倩在《中学历史教学中家国情怀教育有效性的研究》中表示当前家国情怀教育中存在灌输式教育、狭隘教育等问题，根据家国情怀教育中存在的这些不足和问题，提出了相应的解决办法，并以《抗日战争》一课为例，对家国情怀教育的有效性进行研究。王攀攀在《基于家国情怀素养的初中历史教学策略研究》中分析了家国情怀的演变过程，认为若想在教学过程中培养学生的家国情怀素养需要对中国传统文化取其精华、去其糟粕。王攀攀从教育资源、教育环境、历史课堂几方面总结了初中历史教学中家国情怀的培养策略。

从国内研究的成果中可以看出，历史学科具有独特性和人文性，因此历史课堂更应承担起培养学生家国情怀的责任。习近平总书记在党的二十大报告中指出："弘扬以伟大建党精神为源头的中国共产党人精神谱系，用好红色资源，深入开展社会主义核心价值观宣传教育，深化爱国主义、集体主义、社会主义教育，着力培养担当民族复兴大任的时代新人。"笔者认为在教学过程中进行家国情怀教育是非常必要的。就目前而言，国内关于家国情怀培育的研究具有指导和借鉴意义。而国外关于这方面的研究较为宏观和更关注理论层面，但针对性和普适性较弱。

随着我国教育教学新课程改革的持续深入推进，学科教学中以爱国主义为主要内容的思想政治教育的渗透成为重要的改革路径，也是新时期学科教育得以不断发展的客观需要。历史学科具有自身独特的学科属性和学科功能，在整体教育教学体系中扮演着重要的角色，是培育学生文化认同、强化学生爱国素养的重要学科，在当下新课程改革语境下具有重要意义，强化历史学科教学与

爱国素养培养的有机融合是学科教学改革过程中的重要命题之一。当前我国学者主要以中学生为研究对象，对爱国主义素养的培养展开深入研究。

石继光在《高中历史教学中情感态度价值观教育的培养研究》一文中，从广泛意义上阐述历史学科教学中学生情感态度价值观的教学，其中学生的爱国主义素养是叙述的重点；李宁宁在《高中历史教学中渗透政治学科知识的研究——以石家庄第四十九中学为例》一文，紧密围绕高中历史学科中政治学科知识渗透这一特定命题，以石家庄第四十九中学为案例，主题研究很有针对性，文章通过个案研究提供了较为系统的培育策略，具有重要参考价值。尽管相关的主题研究成果相对较为丰富，但研究的系统性不够，同时基于当下新课程改革理念下富有针对性的研究较为缺乏，这是需要积极突破的方向。

就全国范围而言，主要研究方向有两个：一是在当下"核心素养"语境下从宏观意义上做系统阐述，涉及在学科教学中强化学生爱国主义教育的必要性等系列命题，其中以具体路径探讨为重点，如《丰富历史教学手段，唤醒学生"家国情怀"——高中历史教学中学生家国情怀培养探究》（吴珍珍，《课程教育研究》，2017年45期）一文的基本命题，即通过"家国情怀"强化学科教学中学生爱国主义素养的培育，具有重要启发意义，同时《基于地方史资源培养高中生家国情怀素养的研究——以盐城地方史为例》（还仁中，苏州大学硕士研究生论文，2017年）一文，以地方史资源为学生爱国主义素养培育的具体切入点，进行了卓有成效的探究工作，具有重要价值。二是立足中外比较，从外国教学经验中找到发展的突破口。近年来，中日韩三国均对中小学德育课程和教科书做了一定程度的调整。各国聚焦爱国主义教育，在总结历史经验教训基础上，丰富相关学科教材内容，使其富有时代性。

从整体上而言，近年来历史学科教学中学生爱国素养的培育得到了学界的高度重视，差异化的主题研究成果不断涌现，这在一定意义上构成了主题研究的坚实基础。但必须看到，爱国素养是当前教育教学改革体系中历史学科"核心素养"的核心元素，培育学生的爱国素养是历史学科教学的重要价值维度，具有重要的价值与意义。在这样的语境下，当前的主题研究是不够的，而下一步的主题研究将主要从以下两个方面重点突破：一方面，相关主体要通过问卷调查、个别访谈以及实地调研等多元化方式了解当前学科教学中培养学生爱国素养的具体问题，明晰当前的具体问题才能做到"对症下药"，因此这是整体工作的前提与基础；另一方面，一线历史教师要系统梳理历史教科书中的爱国主义素材，积极挖掘和利用这些教材中的有益爱国主义素材，使其功能得到有效扩大，为实践层面上的优化教学奠定基础，同时要持续突出在历史课堂教学中学生爱国素养培养具体做法的研究，这是最为核心的研究命题，也是优化实际教学的重要依托，需要进行系统而全面的主题研究，其中涉及的内容是多元化的，如爱国素养培养素材的选取、素材与教材内容的结合、具体的课堂教学策略、教学评价办法等等，这些内容具有较强的实用性，需要一线教师的积极参与。

2. 关于历史教学与文化自信的研究

在教学中培养学生的文化自信应当注重学科之间的融合，通过对文献资料的梳理发现目前学术界关于历史教学与学生文化自信培养方面的研究主要有以下两个方面。

（1）历史教学中的文化自信素材

2015 年吴卉丽以人教版教材为例，对该教材中关于文化自信的素材进行了总结与梳理，其中主要包括教材中的历史传统文化、革命文化以及社会主义先进文化。

（2）历史教学中学生文化自信培育途径

2018年刘运杰和陆虎从理解认同角度出发对历史教学中学生文化认同培养策略展开了研究。学生文化认同的培养应当采用引导的方式，学生只有在理解的基础上，才能逐渐形成文化认同，如若采用强制手段则会起到反作用。另外，他们在研究中指出学生需要经常进行自我文化反省，正确对待文化，避免文化自大或自卑。2018年贾晓燕以乡土历史课作为研究方向，对学生文化自信培养策略进行了深入分析。她认为，乡土历史课资源具有重要的教育价值，应当将乡土历史资源编写到历史教材之中，让学生体验身边的历史事迹，从而提升学生的文化自信。

综上所述，历史教学中培养学生文化自信具有较好的教学优势。教师在教学中应充分利用历史教材资源，同时不断开发当地乡土历史资源。并在培养学生文化自信过程中，引导学生对历史文化资源形成正确的认识。

3. 关于对红色文化的研究

首先，红色文化与社会主义核心价值观。从某种意义上来讲，红色文化资源与社会主义核心价值观有着血脉关系，红色文化产生于革命年代，它是由中国共产党以及人民群众共同创作，其蕴含着大量的社会主义文化，它清晰地反映了社会主义核心价值观。

其次，红色文化与马克思主义大众化。通过对红色文化文献资料的梳理，大部分学者认为我国红色文化的产生并不是偶然的，它是必然的。具体而言，红色文化的产生是建立在马克思主义大众化理论基础之上，同时我国马克思主义大众化的发展也离不开红色文化。

再次，红色文化与大学生德育教育。我国学术界关于红色文化与大学生德育教育方面的理论研究取得了一定成果，大部分学者在研究中肯定了红色文化对大学生德育教育的促进作用。具体而言，在大学生德育教育中，红色文化是一个重要载体，大学思政课通过利用红色文化资源，可以提升大学生德育教学效果。

最后，红色文化与红色革命区。随着人们对红色资源认识程度的提升以及红色旅游的快速发展，关于红色文化与红色革命区的研究也取得了一定的进展。在研究中，大部分学者认为红色文化是红色革命区的具体展现，是红色革命区的灵魂。与此同时，充分认识红色文化也是深入研究地方红色文化的前提与基础。

（二）国外历史教学中文化认同教育研究

家国情怀作为历史学科核心素养之一，引起了广泛关注。事实上，学科核心素养是对培养人才的具体要求，而世界各国均非常重视国民核心素养的培育。在现如今科技高速发展的社会中，人才培养对整个国家的发展显得尤为关键。美国提出了教育应使学生掌握"核心知识"的概念，日本则提出"基础学力"概念，德国则提倡国民具有"关键能力"。

"家国情怀"这一名词无疑是由中国人提出的，在国外，没有直接的"家国情怀"这一说法，因此，外国文献中研究家国情怀的比较少。但国外非常重视人本主义精神，这实际上与家国情怀有共通之处。20世纪60年代，马斯洛提出了著名的需求层次理论，而家国情怀的培养与形成实际上就涵盖在了这样的需要层次中。

就现阶段来看，国外具体研究家国情怀的文献比较少，但一些研究爱国主义的著作对培育学生家国情怀有一定启发。阿多诺等在《权威人格》中，结合了社会科学、社会心理学，以问卷调查的形式，宣传了爱国主义。这一行为给国内家国情怀的培养研究提供了好的思路。杜比在其《爱国主义与民

族主义》中，对民族主义与爱国主义进行了研究分析。杜比的研究有助于我们更好地界定民族主义、爱国主义、家国情怀。

由于每个国家和地区自身的特点，文化传统、宗教信仰、政治性质以及经济发展水平等都不相同，所以对家国情怀和爱国主义教育这方面也不相同，比如说美国的爱国教育就发展的很好，由于发展的起步比较早，现在已经形成了一套成熟的教育体系。日本的初中每个月则会开设实践课，从而进行实质的爱国主义教育。其他国家有关于此的研究也有不少，这些研究虽然并未具体化，但仍对我国家国情怀的培养研究有参考借鉴意义。

其他国家像英国、法国和韩国等也都加强了相关的文化教育。通过大量的查询阅览，笔者发现我国对其他国家的传统文化教育也都进行了研究学习，这为此次的研究也带来了一定的借鉴和参考意义，以下为研究成果：

王璐、尤铮（2014）的《英国传统文化教育研究》一书介绍，历史这门学科十分重要，学好历史可以提高学生的批判思维能力，通过学习历史也可以看到自己国家的由来和过去的辉煌，无形中就增加了认同感和自豪感，爱国热情更加牢靠，因此英国加强了对历史课程的宣传教育，通过历史学科进行爱国思想渗透，发现历史学科作为英国教育的重点学科，教化功能起到了很大的作用。

刘敏（2014）的《浅议法国传统文化教育》提到，法国拥有灿烂的艺术历史，对学生的爱国教育渠道主要是艺术的熏陶，他们让学生在初高中的时候就开始进行古文的阅读，并在不同的年纪设有不同的阅读目标，通过古文阅读及学习历史，增加了对自己国家的了解，又增加了民族自豪感和自信，同时其他方面的艺术教育也没有落下，做到了多方面教育。沈晓敏（2018）在《指向文化创造的日本传统文化教育》介绍了日本的教育做法，还罗列了日本传统和文化课程的发展和实施过程。日本在传统文化教育方面另辟蹊径，用"传统与文化教育"替代"传统文化教育",目的是能够培养出具有传统文化素质和能够交流、创造新文化的高素质人才,同时将这种理念上升为国家的文化发展战略,文化立国,培养珍视文化的心灵。我们国家可以借鉴相关的经验,创新自己的传统文化教育,增加国家新一代的传统文化使命感。李晓红(2015)的《日本中小学的传统·文化理解教育》提到了日本的传统文化教育措施:不断完善传统文化教育的法令;学校、家庭和社会之间相互合作,以学校为主体,推动传统文化教育的发展。

谢明辉(2010)研究发现韩国也在历史教育上加强对传统文化的宣传,让学生不断了解自己国家的历史,增强民族意识,培养民族自信心和自豪感。同时徐玉兰(2014)指出,韩国通过加强学校、社会、家庭和政府多方位的联动合作,不遗余力地进行传统文化教育。

综合以上研究可以得出结论,传统文化教育十分重要,各个国家都在不同的方面加强自己国家的传统文化教育,根据不同的国情,制定合适的政策,最终目的还是培养学生的爱国精神。日本提出"传统与文化教育",以传统文化为基础,根据时代的发展创新文化,也增加了文化的创造力。其他国家也发动学校、家庭、政府和社会的力量共同推动传统文化教育的发展。英法作为西方国家,教育的方法也不相同,英国发展的是绅士教育,法国则重点发展传统与艺术。这些不同的教育理念对本书历史教学的研究起到了借鉴的作用,但还是要根据我国的国情具体问题与具体分析,制定出具有我国特色的历史文化教育。

第二章

高校历史教学与文化认同教育

本章节内容为高校历史教学与文化认同教育，分别从高校历史教学概述、文化认同概述、历史教学与文化认同的关系三方面出发分析。

第一节 高校历史教学概述

一、历史意识与历史教育

什么是历史教育，在我国的学校教育，历史教育从小学阶段就走进我们的课堂，它的形式大部分是以历史事件的学习来了解我国的历史，进而深入学习历史的思想，通过学习、生产、传播，实现个人和历史、社会的沟通，进而达到完善人格修养，提高人文素养和公民的各种能力，最终实现服务于人和社会发展的实践活动。而历史课程的目标则是从历史中学习不同的人生道理和人生智慧，"以铜为镜，可以正衣冠；以古为镜，可以见兴替"，学生通过学习历史，可以提高自身的素质，学会运用唯物史观进行思考，最终形成正确的历史意识。那么这个以"人的发展"为中心的教育目标的实现是一个漫长的过程，每一个环节都不能忽视，无论是学习方法、学习的知识还是思考的方式、能力的培养都要以历史意识建构活动为基础。由此可以看出历史意识和历史知识十分重要，是实现历史教育目标的推进器。

"历史意识"不是一个狭隘的概念，不同的语境、不同的学科，它的含义大不相同。这就说明了历史意识无处不在，对历史学和历史之间具有联合的作用。这也是历史十分重要的原因，培养历史意识更是重中之重。历史意识的不断传播、发展和创新推动了历史学的更新，历史意识的更新也使得历史焕发了新的生命力，历史意识的互动和构建也促进了历史教育的发展更新。同时历史意识在文学、艺术、科学等不同学科的活跃，也恰恰说明了它的重要意义。由此可以看出，历史意识没有具体的定义，要从不同角度去了解。

二、数字信息化背景下的高校历史教学

（一）教育信息化与高校历史教学概述

教育信息化是信息化时代以及"互联网＋"背景下教育发展的基本趋势，这一趋势对新时期高校历史教学产生了很大影响。大力促进相应技术在历史教学中的应用得益于信息技术的技术优势和应用价值。一方面，信息技术的应用能够直接带动教学形式创新，这其中涉及新教学资源的引入与应用，能为教学内容的丰富、教学层次性的提升提供很大帮助；另一方面，信息技术也可以成为学生在历史知识学习中的具体技术，这对于弱化历史知识的学习难度、开阔学生视野也有很大帮助。但依托相应技术的应用进行教学对广大教师提出了很多新要求，而想要将信息技术的应用优势、价值充分发挥出来具有很大难度，

这也要求教师在及时转变教学理念的同时，对整体教学进行更为有效的设计。

（二）数字化对高校历史教学的重要意义

时代在发展，技术在进步，如今传统的教学方式已经不能满足和适应新时代的教学需求，进入数字化时代，教学领域的改革也要紧跟时代的发展，运用现代的科技产品和科技理念进行数字化的教学。计算机、手机、多媒体网络等等都可以作为教学的载体和手段，增加教学的效率和维度。学生可以通过网络了解更多书本上没有的历史信息，教师在教学课堂上也可以运用多媒体技术，改革授课模式，用高科技还原历史事实，提升教学水平。这里以历史学科为例，数字化教学的意义体现为：

1. 对教学模式进行改革创新

数字化教学出现之前，高校的历史教学采用的是传统的教学模式，教师使用课本在课堂上讲授，学生被动地接受教师的知识传授，是以教师为中心，形式十分单一，教学效果很不理想，数字化教学出现之后，教学模式产生了很大的变化。

（1）教学载体发生变化且形式多样。多媒体、网络、手机等都可以作为教学的载体，同时数字化的教学载体更新及时，操作简单，极大的提高教学的效率。

（2）形式多元。数字化的教学模式不仅改变了教学载体和媒介，同时教学形式也发生了转变，通过创建"数字化+"的教学平台，丰富了教学的形式，成为推动教学模式创新的源动力。

2. 进一步提升学生学习历史的兴趣

作为新时代的"00后"大学生，他们具有充足的好奇心和更加丰富的创造力，接受新事物新观念十分迅速，如果历史的教学单单通过历史教师的口头讲解，很难达到历史思想的有效传达，数字化教学通过多媒体播放教学历史影视片段增加了课堂的趣味性，也还原了真实的历史。学生是数字化产品的重要消费群体，他们也可以通过数字化产品进行课余时间的学习，形成一种良好的学习氛围，提升学习效率。

3. 不断提高历史学科建设的水平

随着数字化教学的普及，数字化教学的应用也成为了高校历史专业研究的热门课题，同时这项研究也已经取得了一定的成果。随着研究的深入，不断延伸出来的新的课题也逐渐向微观领域发展，数字化成为了历史研究的新动力。数字化的发展不仅改变了教学的载体向多媒体、网络、动画、3D立体效果的转变，教学活动的方式也发生改变，出现了例如微课、慕课、翻转课堂等新兴的教学方式，推动了教学智能化的发展。同时为了健全数字化教学的规范，相关的制度也在不断的完善发展。这一切发展可以看出未来将是数字化教学的天下，数字化教学推动高校历史学科的建设，提升教学水平，有利于培养相关的高素质人才。

（三）高校历史教学过程中存在的主要问题

尽管数字化历史教学已经成为了未来教学发展的大趋势，学科建设各方面也取得了一定的成就，但是仍然能够发现数字技术在教学应用中的一些问题。

1. 历史专业教师应用数字技术的水平有待提升

数字技术作为一项新技术，应用需要具备多种能力，对高校教师的技术水平要求较高。因此在相关的了解中发现有的历史教师在进行数字化教学时会出现问题，有的教师由于年纪较大，对信息技术掌握不是很熟练，由于各种原因在教学中的使用并不灵活，因此就需要学校加强培训。但又出现了学校培训的问题，学校对信息技术的培训不够重视，甚至根本没有设置对这方面的培训，教师只能自己进行摸索，效率大大降低，不利于教师对数字技术的掌握和教学的质量提升。

2. 数字技术应用流于形式

历史的学习不仅要求学生的观念掌握，也要求学生具备历史的思维能力，这就要求学生对大量的历史资料进行了解，所以教师在备课的阶段历史资料是一定需要准备的，一些年轻的教师可能数字技术掌握的比较好，可以制作一个完整而又有趣味性的动画，在课堂上呈现给学生，进行历史再现，但是这种方式容易偏离主题，学生只注重动画的趣味性而忽略了教学的内容，教学效果大打折扣。有的教师只是利用数字技术制作了一个照搬课本知识的PPT，教学形式并没有创新。

3. 课程内容安排不合理

高校教师在教学的时候希望能尽可能多的掌握知识，所以在备课的时候会准备大量的教学内容，但是一些教师忽略了教学内容的变化和层次划分，一堂课下来可能并没有新的知识传授，甚至对于高中的知识也没有衔接得很好，重复的学习内容只会降低学生的学习热情，不利于知识体系的构建。同时由于课本不能像网络内容及时更新，新的历史观点和信息无法传授，不利于学生历史知识水平的提高。由于学生的大学生活十分丰富，学习任务也十分多，分配给历史课程的时间不多，在大学后期还要考虑就业和考试，更加没有更多的精力都放在历史专业的学习，基础知识掌握的不好，也没有时间独立思考，最终的历史能力培养也达不到效果。

4. 数字技术与传统教学模式脱节

辩证地看待事物的运用和发展在数字化教学的应用上同样适用。数字化教学虽然具备多种优势，但也不应该忽略传统教学夯实学生基础和提升人文素养的特点，这两者并不冲突，需要进行有效的融合。近年来，一些高校虽然十分重视数字化教学的应用，但是却忽略了基础知识和人文素养的培养，只一味地推广数字化技术，没有看到传统教学模式的优势，甚至一些教师只是在课堂上重教学的新颖形式而没有重视知识的传授，这样的教学改革无疑是失败的，真正成功的教学模式应该是在新技术与老传统中寻找平衡点，利用两者的优势进行适当的融合。

5. 教学方式缺乏创新

高校学生所学习的知识相对来说是比较基础的理论知识，传统的教学中，往往是教师按照课本和经验照本宣科地传授给学生，并没有形式上的创新，这对于喜好新鲜事物的学生来讲就比较枯燥了，因此很多学生学习历史知识的兴趣不高。同时在实践中是以教师为中心进行教学，一味的传输不利于学生的理解，降低学生兴趣的同时不利于创造性的开发，教学效果并不理想。

（四）基于数字化运用视域下高校历史教学改革的有效策略

高校教学改革在不断深入，对于数字化技术的应用，历史专业教学需要重新审视，结合专业教学内容的特点及学生的成长规律，充分运用数字技术，探索新形势下推进教学活动开展的有效策略，实现历史教学"数字化""智能化""人文化""专业化"的有效整合，满足高校教学改革特别是新文科建设的要求，最终实现教学目标，培养历史意识。

1. 建立"互联网＋历史"教学综合信息平台

在互联网、大数据背景下，高校历史专业在利用信息技术展开教学的过程中，要注重对教学综合信息平台的构建，借此将多种技术集中起来，更好地为教学服务。构建教学综合信息平台的主要作用：一，充分利用数字技术的优势，借此提升教学活动的有效性；二，助力历史教学资料的整合，帮助学生理清知识脉络，提高学习效率。在利用互联网技术构建教学平台时，要注意对以下板块的构建和完善：

（1）基础理论板块。这一板块的内容主要是历史教学大纲中的基础理论知识，目的是帮助学生夯实基础。为了提升学生记忆历史基础知识的效率，可以利用大数据技术，搭建数据库，让学生可以通过平台上的搜索引擎来获取所需的资料。也可以利用计算机构建思维导图，对某一部分历史知识进行梳理，让学生对相关知识有更加直观的理解和记忆。此外，板块会按时间进行自动排序，有助于学生从纵向和横向的视角来了解历史。

（2）科研板块。该板块的内容主要是历史专业目前所研究的重点内容和研究方向，给学生展现具有前沿性的历史研究成果，目的是引导学生在此基础上找到历史科研的方向。

（3）历史视野拓展板块。历史实际上是一个比较宽泛的概念，它的内容包罗万象，所以历史教学不能局限于教材，要注重延伸和拓展，让学生对历史有更加全面的了解，从而达到历史教育的目的。所以，历史视野拓展这一板块的构建非常有必要，该板块是在高校历史教科书中的每一章节的基础上，对其内容进行拓展，一方面要尽量呈现历史的原貌，另一方面要体现历史事件之间的关联。此外，关于某一历史事件或历史人物的研究，历史学界已有十分丰富的研究成果，历史视野拓展板块要注意对这些内容的呈现，从而丰富学生的学习素材。

（4）实践板块。一直以来，历史学科呈现出较强的理论性，导致教育者忽视了实践教学，进而降低了历史教育的实效性。所以，在构建历史教学信息平台时，要注重对实践板块的建设。这一板块的主要内容就是将历史专业的知识与其他相关专业领域进行结合，创设相应的实践情境，促进学生历史理论与实践的结合，从而为学生未来的学习和就业奠定良好基础。

2.创新应用历史专业的教学方法

在数字技术背景下，作为高校历史教师，要根据学生的历史知识架构，以及学生的实际需求，对教学策略进行创新和优化，要实现历史课堂与数字化教学模式的衔接。实际上，高校教学在改革过程中出现了很多新颖有效的教学方法，本书接下来介绍其中的数字化教学方法。

（1）构建"翻转课堂"。互联网的发展以及互联网与教育的结合给翻转课堂提供了诞生和成长的土壤，一直以来，翻转课堂被用于各阶段的教育教学中，均取得了良好的教学成果。从高校历史教学的角度来说，翻转课堂可以起到两个重要作用，一是唤起学生的学习主动性，在学生之间营造研究型学习情境，培养学生良好的自主学习习惯；二是实现数字技术与历史教学的结合，推动数字化教学的进程。另外，高校历史教师在构建翻转课堂的过程中，要把注意力放在整个教学过程，加强对教学链条的拓展和延伸，同时赋予学生充分的"权利"，让学生真正成为课堂的主人。实际教学可参考如下步骤：

①注重问题驱动，引导学生预习。预习就是学习者提前通过自学来了解学习内容，了解学习目标，目的是在课堂学习中能够从容应对各种问题，有效掌握相关的知识和技能。但是，很多学生都没有预习的习惯和动力，这对翻转课堂的构建来说是一个不小的问题。为此，教师就要注重任务驱动。在高校历史教学中，在每一章教学之前，教师可以设置一些相关的问题，让学生带着问题，在任务的驱动下自主学习，在解决问题的过程中获取知识，这样才能起到预习的效果。另外，还要引导学生充分利用数字多媒体等新型技术，让学生将传统纸媒和现代电子媒介结合起来，拓宽搜集资料的渠道，并在课堂上利用多媒体来呈现自己的学习成果。

②运用翻转课堂，优化课堂授课。翻转课堂要注意对传统课堂中师生主次关系的"翻转"，也就是摒弃传统的师本观念，做到以学生为中心。在高校历史教学中，教师要把学生放在课堂主体地位，引导学生合理划分小组，让学生站在教师的角度将自己的所知所学讲授给其他人。在翻转课堂上，教师可以鼓励学生通过视频、电子课件等媒介来呈现自己的作品，这对学生的表达能力是一种很好的锻炼，并且能够促进学生对知识的理解和吸收。此外，教师还要对各小组的研究情况进行分析和评价，加强和学生的交流互动，实现活力高校课堂的构建。

③运用"翻转课堂"，进行学习反馈。在利用翻转课堂进行高校历史教学时，教师不能仅仅注重课前和课中，还要加强对课后复习环节的重视，要让学生对掌握的内容进行"举一反三"，以提升其学习效果。为此，教师可以引导学生在课后通过微信群等通讯工具，围绕本节课的重难点进行交流和讨论，教师也要适当参与其中，对学生的讨论结果进行查漏补缺。

从上述整个翻转课堂的构建过程来看，这一教学方法对数字化技术进行了充分的利用，也充分发挥了教师对学生的启发和引导作用。另外必须要强调的一点是，数字技术的使用使翻转课堂更具活力。

（2）实现"微课"助教。在信息技术与教育教学相结合的过程中，微课应运而生，并以其内容精致、针对性强、表现形式丰富等特点赢得了人们的喜爱，在教学活动以及社会其他领域中发挥着不小的作用。从高校教育的角度来说，"微课"教学法具有明显的优势，一方面，"微课"的应用实现了数字技术与专业教学的整合，推动了高校教育的创新发展；另一方面，"微课"以其独有的特点和优势，能够将系统的专业知识进行划分，可以帮助学生将零散的知识进行归纳和整合，从而完善学生的知识系统。高校历史教师在制作"微课"时需要注意以下几点：

①根据历史课程的教学目标以及其中的重难点，充分考虑学生的实际诉

求，对历史教学内容进行精选，为制作"微课"做充足的准备。

②在制作"微课"时，要注意对多种不同数字技术的综合使用，实现知识素材的多元化呈现，给学生带来更好的体验。比如，在学习"闯关东"相关的历史时，教师可以适当运用动画、影视资料，以一种更加生动形象的方式来呈现相关的历史情境，让学生对相关的历史知识产生深刻的印象，并让学生获得良好的学习体验。

③选择呈现"微课"视频的媒介。"微课"由教师制作完成，其内容和质量体现着专业教学信息化的程度。为了优化学生的学习体验，提高学生对"微课"视频的利用率，教师需要选择合适的媒介来呈现"微课"视频。比如，教师可以将制作好的"微课"上传到官网上的"精品课程"板块，并呈现清晰完整的视频菜单，学生在登录自己的账号后，可以从相应板块中选择自己需要的视频进行观看和学习。或者，教师也可以充分利用班级 QQ 群、微信群以及教学综合信息平台，借此渠道将"微课"视频传给学生，让学生能够不受时间和空间的限制，根据自己的计划进行学习。

3. 对课堂教学内容进行补充

高校历史教学不能局限于教材，不能局限于固有的教学内容，也不能局限于传统的方法、技术和形式，总而言之，为了有效提升学生的历史素养，高校历史教学要加强对现代信息技术的合理运用，借此提升课堂教学的有效性，拓展学生的历史知识。在历史教学活动中，教师要考虑实际学情，关注教学内容，关心学生的实际能力和需求，据此设计科学合理的教学方案，要保证课堂知识量适中，有效帮助学生夯实基础。此外，教师还要重视历史课堂教学与信息技术的整合，在对教学内容进行拓展时，要注意激发学生的学习热情，引导学生积极地展开探究，以促进学生历史分析能力的进步。比如，在历史教学活动中，教师可以充分利用互联网资源，给学生呈现相关的历史人物、典故，让学生通过这些有趣的内容来掌握知识，从而促进学生历史素养的形成和发展。

4. 开展基于数字技术应用的主题实践活动

要想真正满足学生的学习和发展需求，历史教学必须注重理论与实践的结合。所以，在高校历史教学中，教师可以充分利用数字技术来构建实践活动。一方面，可以在数字化情境下开展实践活动中的"规定动作"。以正在开展的中共党史学习教育为例，中共党史学习教育跟大学历史教学有着十分紧密的联系，它的核心内容就是历史专业中的中共党史部分，所以它对历史专业有着学术资源方面的优势。因此，教师要合理利用数字技术，对党史教育加以推进。例如，可以举办"红色历史资料网络图片展"活动，在学校官网或者其他网络平台上展示教学中的红色历史研究成果，并利用多媒体课件，呈现学校馆藏中的红色研究资料，目的是引起更多历史学习和研究者的关注。

另一方面，要利用数字技术，开展本专业主题实践活动的"自选动作"。作为高校历史教师，要根据学生的学习进度，依托数字技术，设计不同主题的实践活动，目的是让学生通过实践，深刻领悟到历史学习的重要意义。比如，在学习"五四运动"相关的内容时，教师可以设计以"五四运动下的城市工人阶级"为主题的活动，引导学生利用数字技术，把"五四运动"中设计的城市制作成数字模型，并借此将相关的历史事件串联起来。教师可以让学生在网上进行模型展示，帮助学生对工人阶级发展壮大的过程有更加真实的体会和形象的记忆。

5. 创建"学校 + 历史纪念馆"合作教学模式

在当前社会背景下，校企合作成为高校一些学科建设的发展方向。高校历史专业可以参考这一方法和模式来引入社会力量，从而有效提升教学的活力，体现教学的实践性。为此，作为高校历史教育工作者，可以通过"学校

+历史纪念馆"这一模式展开合作教学，同时借助"线上线下混合教学模式"。所谓"线下"，就是以"人"为主线，促进高校和历史纪念馆的交流与合作。比如，历史纪念馆业务人员可以经常到大学中为学生讲解馆藏相关的历史内容以及最近研究成果，并引导学生参与到研究过程中；相应的，高校历史教师可以到历史纪念馆进行参观和学习，对与教学内容相关的历史资料展开深入的研究，从而在教学过程中能够拓展资料。此外，高校可以协同历史纪念馆，建立实践训练基地，让对历史有浓厚兴趣的学生在完成基本学习任务的基础上，可以去实践基地进行更深入的学习和历史研究。所谓"线上"，就是在互联网的支持下，将高校历史课堂和历史纪念馆建立联系。例如，在高校历史课堂上，教师可以利用网络连接到历史纪念馆，让纪念馆的工作人员与课堂中的学生进行对话，为学生讲解相关的历史知识。另外，作为高校学生，也可以通过微信、QQ来组织活动，到历史纪念馆进行学科实践。高校历史专业也可以和历史纪念馆合作开展线上活动，围绕教学中的某个专题，进行学习讨论。而在这类活动中，可以让学生来担任宣传员和讲解员，一方面提高学生参与度和学习热情，另一方面让学生在参与的过程中提升历史素养。

6. 构建线上线下混合式教学模式

在教育信息化背景下，混合式教学模式构建成为一个明显趋势。高校历史教学中并不存在较为明显的应试压力，因此除了关注教学形式的创新与内容的丰富外，教师也应当关注教学模式的优化。具体来说，线上线下混合式教学模式可以成为新时期历史教学中新的教学模式。在课堂教学中，教师可以基于固有的教学计划进行教学。同时，教师也要尝试在教学中创设一些线上自主预习以及自主学习任务。基于任务导学的视角，让学生在成熟的在线教学平台和MOOC平台上进行自主学习尝试。将课程教学这种线下教学与线上教学较好地联系在一起后，高校历史教学范围会进一步扩大，教师也可以从不同角度对学生进行相关引导。更为重要的是，线上教学能够较大程度上突破时间、空间对历史教学的制约性影响，课后教学时间也可以得到较为充分的利用。伴随着学生借助网络与信息技术进行历史知识学习的能力不断提升，教师固有的历史教学压力也能得到较好缓解。

第二节 文化认同概述

一、文化的含义

文化一词起源于拉丁文 Culture，它的概念是十分宽泛的。到今天，有大量的专家学者尝试从各种学科的角度来诠释文化的内涵，但一直没有一个广受认同的定义，因此我们也难以给文化下一个准确的定义。

目前，世界上有关文化的定义达 200 多种，一般有广义和狭义之分。1871 年，英国文化学家泰勒在《原始文化》一书中提出了狭义文化的早期经典学说，他认为，文化是包括知识、信仰、艺术道德、法律、习俗和任何人作为一名社会成员而获得的能力和习惯在内的复杂整体。从这个定义来看，文化包括知识和道德。几乎是同一时间段，马林诺夫斯基也提出了自己对文化的看法，他认为，文化是指货品、技术、思想、习惯及价值而言的。以上学者对文化的定义，重点在于文化的习得性、功能性和思想理念性等，并未看重对文化本质的把握，因此不能说明文化的深刻内涵。所以，在泰勒之后，人们给文化做出各种各样的定义，达上百种之多。

中国传统文化中关于"文化"的解释是，文化"以文化人"，把一个蒙昧无知的野蛮人变成一个懂得拥有幸福生活的文明人。文化是人的一种生存状态，是人类物质生产和精神生产的总和。"文化"一词最早来源于《易经》："观乎人文，以化成天下。"故文化以"化"人为宗旨——以"文"把人的素质"化"高。人之为人，是一种高级形态的理性情感动物，有着独特的精神家园需要坚守。文化是多年积累在个体身上的自然反应，文化反映民族特质。文化由于地域、国家不同有很大差异。同一行为由于不同民族不同文化而产生不同反应。文化具有强烈的民族特色，不同的民族具有不同的文化特质。

总而言之，文化是人们在长期的生活实践过程中创造的产物，它不仅仅是一种社会现状，也是历史现象，社会历史的积淀。准确来说，文化是人在交流的过程中获得广泛认同的，并且能够被传承的意识形态。文化是社会实践的产物，实践作为有目标的行为，文化就是对实践的足迹进行打印，并为实践者勾勒未来的图谱。站在人类悠久的历史长河中观察，文化的发展通常来源于实际的提醒，因此，书写实践、围绕实践做出内心的阐释是文化最原始的功能。但随着阶级的出现，文化的阐释便带有了阶级意志，文化的意识形态性随即产生，文化为特定阶级提供了一种具有浓厚意识形态属性的期望、导向、价值等等。当然，意识形态性不是文化唯一的属性，因文化的内涵是价值观、是精神、是审美，因而文化还具有商品的属性。

如果从概念出发，"文化"是一个非常复杂的概念。在我国古代典籍中，"文化"一词，就本义而言，"文"通"纹"，即相互交错的纹理，属静态概念。"物相杂，故曰文""五色成文而不乱"。"化"本义是指化育、生成、改造、变化等，属动态范畴。如《周易·系辞下》《周易·贲卦·象传》提到的"男女构精，万物化生"，《中庸》中提到的"可以赞天地之化育"等。将文与化结合在一起，较早见之于战国末的《易经·贲卦·象传》："刚柔交错，天文也。文明以止，人文也。观乎天文，以察时变；观乎人文，以化成天下"。这里，"文化"已经具有了文明教化之意，即"以文教化"。近代以来围绕"文化"做出解释的代表性观点有：梁漱溟从民族生活的角度提出，"文化，就是吾人生活所依靠之一切……文化之本义，应在经济、政治、乃至一切无所不包"。蔡元培提出："文化是人生发展的状况。"毛泽东把文化解释为，"一定的文化（当作观念形态的文化）是一定社会的政治和经济的反映，又给予伟大影响和作用于一定社会的政治和经济。"国内 20 世纪 70 年代出版的《辞海》把"文化"界定为人类历史发展过程中所创造的全部物质财富与精神财富。《中国传统文化概论》一书中则指出："文化是人类有意识地作用于自然界、社会的一切活动及其结果。"

在郑师渠主编的《中国文化通史》中也提到国内外学者对文化的概念是见智见仁，莫衷一是。尽管如此，就中国文化而言，还是非常具有独特个性的，单从生成来看，就无与伦比。正如梁漱溟所言："中国文化独自创发，慢慢形成，非从他受。反之，如日本文化、美国文化等，即多从他受也。中国文化自具特征（如文字构造之特殊，如法学上所谓法系之特殊，如是种种甚多），自成体系，与其他文化差异较大。本来此文化与彼文化之间，无不有差异，亦无不有类同。自来公认中国、印度、西洋并列为世界三大文化系统者，实以其差异特大而自成体系之故。"

作为文明传承意义上的文化，其重心指的是传统文化体现的立场、道理、思想、意识、精神，而不是作为文化载体的文艺、风俗、习惯等表面的、有形的、表象的东西。作为一种社会现象，文化是人们创造活动的产物，而作为一种历史现象，文化则是社会历史的积淀，一个国家或民族的传统习俗、生活方式、行为规范、思维方式、价值观念，等等。从不同的视角对文化做出不同的阐释具有不同的社会意义，人置身于生活中，正如联合国教科文组织在《文化政策促进发展行动计划》中所指出的，发展可以最终用文化概念来定义，文化的繁荣是发展的最高目标。

二、文化认同的含义

（一）认同的内涵

"认同"一词最早可追溯至拉丁文 idem，为"相同"的意思。其实"认同"一词一开始属于心理学领域范畴，由著名精神分析学派的心理学家弗洛伊德引入，他还是精神分析学派的创始人。在弗洛伊德看来，"认同"就是"个人与他人、群体或模仿人物在感情上、心理上趋同的过程"。另一心理学家——埃里克森，一位代表新精神分析学派的心理学家，在弗洛伊德对"认同"的解释基础上，进一步提出了"自我同一性"的概念，对此，埃里克森"认为个体在自我意识觉醒并出现分化经过自我审视后，对自我发展的一系列问题进行深入地自我剖析、自我评价、自我体验和自我调控，顺利发展自我认同有助于发展成一个自我接纳的成熟个体，反之则会产生角色混淆"。

通常认为，"认同是自我与他者之间的一种关系的认定，是共同体成员对现实境遇中生存价值归属的自我确定。任何行为者作为体系中的一部分总是在他所属的共同体中，通过互动确定其生存认同的价值取向"。而在现代社会学字典里，对"认同"一词的解释为："认同是一种同化与内化的社会心理过程，它是将他人或群体的价值、标准、期望与社会角色内化于个人的行为和自我概念之中"。

总体而言，不同心理学家或字典对"认同"一词的解释均不同，但不可否认的一点是，认同的过程是动态的，个体在与他人的交往过程中会产生认同，并且随着交往过程的复杂，认同也会不断地变化发展，因此认同的过程并不是静止不变的。人们在与他人的交往，与社会的交往，都是在找寻自身价值、探索社会和国家发展变化的一个交往过程，在此过程，肯定会遇到关于认同的问题。人与人之间、人与群体之间、人与社会之间的交往过程中，会形成互动、信任与承诺的关系，这也正是认同的体现。

（二）文化认同的内涵

20 世纪，文化强有力的发展以及人们对丰富文化内涵的不断认识，也在文化认同中明显地体现出来。文化内涵的不断发展变化，也从另一方面证明文化内涵的多样性和复杂性。例如，哲学意义上的"文化认同"、心理学意义上的"文化认同"、政治学意义上的"文化认同"、社会学意义上的"文化认同"等等，众说纷纭，使得文化认同定义的场面混乱不堪。整体来看，最早"认同"这一问题受到关注是在社会学、政治学和哲学等领域，同 20 世纪中叶以后人们对现代性的思考而兴起，以此形成有关不同领域的"认同"问题，主要包括国家认同、民族认同、社会认同、文化认同、价值认同、道德认同等，不同领域的"认同"问题的形成，导致多种认同理论也在慢慢地形成。例如，诠释、建构、修辞、想象、语境、象征、符号等词语，通常较多地出现在语言学、心理学、社会学、政治学及文学批评等领域，随着多种认同理论的形成，之前不常用的词语也逐步被使用到了认同理论中，这一现象引发了人们极大的关注，因而引发从建构主义视角回答"社会何以可能"这一本质问题，"社会认同"理论就此形成。

从马克思主义的哲学观点来看，文化认同的主体是人，人是存在的、真实的、可以进行实践的，所以，关于文化认同的理解，我们可以从两个方面来理解。一个是基于名词方面的理解，另一个则是基于动词方面的理解。将文化认同看作名词，那么文化认同则是指一种包括价值判断的观念，它是通过整理归纳一系列与文化本身相关的要素而形成的；若将文化认同看作动词，那么文化认同则是属于实践活动，在某种价值观念指导下，进行一系列适应和创造文化的活动，主要目的是为了将人的社会实践活动能力和社会生存能力进行提升，使人的社会生活方式发生改变，从而促使人们的生活更加美好。

文化内涵的价值选择理念是基于文化认同和唯物史观的整体理念，关于理解文化认同的基本内涵，特此提出两大原则：一是以 20 世纪文化发展为背景，参照在此期间内的文化特征，即民族性、创造性、科学性和自由正义性，正确认识并理解文化认同的本质精神；二是以 19 世纪末以后统一定义的文化内涵，包括物质、智性、精神等各个层面的整体生活方式，以此来掌握文化认同内涵的丰富性。基于以上两大原则，可以说中外近年来对文化研究的内容都包括在内，深入研究剖析了文化认同的本质，总结出本质特征，延伸并拓展了文化认同的内容，推动了文化认同理论的发展。

结合心理学对"认同"一词的解释，发现"文化认同"这一概念除了有着心理学上的意义，也是一种社会文化概念。据此给文化认同下个定义，所谓的文化认同是指"特定个体或群体认为某一文化系统（价值观念、生活方式等）内在于自身心理和人格结构中，并自觉循之以评价事物，规范行为"。

众所周知，在一个社会共同体中，文化本身就具备巨大的作用，认同性就是其中一个基本作用，并在此基础上形成了群体认同、社会认同以及民族认同。通过深层次剖析，文化认同的核心要义是"身份的确证"。个人和群体处在不同的文化圈层，他们并不是没有姓名的一个孤独的个人或群体，他们在不同的文化圈层寻找认同，发现本质身份，了解本质身份就是他的文化身份，在不断地寻找和发现中为自己命名。在这个过程中，人会由个人变成集体，"我自己"也会转变成"我们"，值得注意的是，就像"我"不可以成为"别人"一样，因此"我们"要设立一个"他们"，这样就可以把"我们"的身份确认下来。假设不存在他者和别人，我们就会迷失在这个规模庞大的文化群体中，完成不了"身份的确证"。

假设文化认同是把我确证为我们，那么文化冲突则是把我们与他们割裂出来。文化认同和文化冲突相当于是文化的两个方面，所以在研究文化认同时不能抛开文化冲突，只研究文化认同。那么文化冲突具体来说是什么呢？我们可以这么理解，文化冲突是两种或多种文化之间的碰撞、争执与较量，水平向上的文化体现了多元性，垂直向上的文化体现了历史性，这些体现说明了不同地区的文化之间、不同性质的文化之间以及不同代际的文化之间，都存在着碰撞、争执与较量。

万物都有中心，价值冲突则是文化冲突的中心，所以，价值认同就是文化认同的中心。不可否认，文化冲突对文化认同具有一定的破坏性，但从另一角度来说，也加强了这种认同。因为文化冲突一定是在对某种物质或特性产生了强烈的排斥感，与此同时，对另一种物质或特性也进行了接受与认证。全球范围内的文化危机看似是由现代性引起的，但具体分析发现，现代性只是促使文化产生一定冲突，文化危机则是在冲突之中慢慢显现出来的。文化认同问题之所以被现代性摆在我们面前，从根本上来说，是因为社会化的生产方式变革影响了全世界范围内的生产方式、制度，甚至是文化，世界范围内的经济交流在一定程度上推动了世界范围内的文化交流，也就形成了一定的文化互通，那么不同文化圈层之间的冲突也变得日益激烈。而在同一种文化中，原有文化与新生文化也在历史不断发展的进程中不断冲突。所以，在这样一种背景下，文化认同的危机就这么赤裸裸地展示在人们面前了。

不管是何种认同，例如国家认同、民族认同和世界认同，所有这些认同的基础都是文化认同。在当今经济全球化的影响下，各地区、国家文化体系竞争激烈，一些西方文化试图将自身文化影响全世界的民族和人民，破坏他国自身文化，所以文化认同、价值认同在当今这个时代，没有失去它的价值，反而更加重要。认同本国以及本民族的文化对维护国家统一和保持民族特色具有重要意义。

总而言之，文化认同就是对自己国家和民族生成的文化表示赞许和内心深处的完全认可，不仅入了脑而且入了心，在实际生活中能够做到内化于心，外化于行。文化自信的基础和前提应该是文化认同，主体必须在充分信任、欣赏、认可、赞同本民族文化的基础之上，才能够树立起高度的自信，且有能力、有信心去传承文化、传播文化、传递共识。社会成员只有真正在内心深处认可、接受本民族文化的熏陶和教育，才能有利于维护祖国的统一。中华民族之所以生生不息就是因为我们中华儿女有着共同的信念，有着对民族文化的坚定信心和在日常生活中的文化践行。文化认同是社会和谐的基础、是民族团结的保证、是教育国民的丰富资源，青年是早上八九点钟的太阳，肩负着民族复兴、振兴中华的历史重任，青年兴国家才能兴，青年强国家才会更强，强化青年的文化认同，就是要让他们了解祖国这七十多年来的发展艰辛，培养他们有薪火相传的意识，积极主动地承担起为国家发展奉献青春和力量的担子。

三、文化认同的特征

（一）民族性

文化认同是当地民族文化的反映形式，在历史地形成，永远地融入民族特定文化。文化认同一旦抛却民族性和国民性，便如没有源头的水和没有根的树，未来一定是暗淡无光的。在历史地形成的文化认同，主要是依据历史地理的分界而形成，具备许多区域性特点，例如：民族意识、生产劳动方式和生活习惯等，所以在某种意义上，文化认同表达了民族精神和民族意志，凝聚了民族力量，提升了民族自信心。优良的文化认同所体现的国民性则是一种精神力量，指引了民族未来发展的方向。

（二）批判性

文化认同可以说是批判本身。为什么这么说？因为文化认同集合了文化批判、政治批判、社会批判和科学技术批判，反映了批判的诉求，也是批判的基本内容。文化批判的诉求在于人的文化发展符合集体意识。政治批判和社会批判的诉求在于人的文化发展具有共同的善、良好的善，恰恰文化认同的本质表现就是共同的善。科学技术在当今世界发展中占据重要的一席之地，也是文化构成的一部分，不管对任何社会和民族文化来说，都具有重要的价值。其实，文化认同是对某种内容的反思，是社会批判和文化批判的产品，所以说文化认同是批判本身，文化认同过程就是批判活动的过程。

（三）主体性

文化认同的基础是个人认同，在个人认同的基础上，形成群体认同。所以，自我认同以及自我身份认同的正当性是相互联系在一起的。人是文化认同的载体，处在特定的文化中，文化认同是由每个个体的认同完成而完成的。在个体实现文化认同的过程中，个体自我认同活动的完成，才能使个体获得自身的基本安全感，具备安全感，也便对某种文化获得了认同，那么文化认同也便能更好地实现了。个体认同的两个基本要素是身份确认以及身份的正当性，这两个要素是紧紧相连，缺一不可的，否则完不成自我认同。说白了，自我认同究其根底就是在回答一个问题，即"我是谁"，这是关于主体的重要问题，问题的答案就藏在与客体，也就是文化现实的联结过程中。通过这一过程，才能实现主体与客体内在关联的一致性。

（四）融合性

当今时代是一个多元文化共存的时代，外部文化也好，内部文化也好，虽然具备不同特点，但随着彼此之间的交流、沟通和参考，共生在一起，慢慢趋于一个整体，最终趋于融合。对于异质文化来说，要想与原生文化进行融合，似乎并不简单，它需要快速地适应原生文化所处的环境，以及两种文化融合形成的社会环境。在适应过程中，异质文化会受到政治因素、经济因素、宗教因素、价值观因素等新的社会环境中多种因素的影响。在当下时代，文化的急速传播与交流，突显出不同文化、不同文明之间融合的趋势，例如政治体制的融合、经济模式的融合、思想道德标准的融合、生产生活方式的融合等等。可以预见，未来文化的融合会促进文化的不断更新与发展，催生新的文化种类，文化生命力持久不衰。

（五）冲突性

上文提到，在未来，不同的文化最终会走向融合，这个融合的过程必定会产生一定的矛盾与冲突。随着当今社会和经济的不断发展，不同文化融合过程中产生的矛盾与冲突对文化认同会产生深远的影响。文化是动态的，无时无刻都在运动、交替、发展、变化，新兴文化价值观念在原有的文化价值体系中，采用多种手段与方法进行交流与传播，输出自身文化价值观念，以期影响原有的文化价值观念，同原有文化价值观念碰撞，由此产生文化冲突。下面列举几种冲突，例如：中国本土文化与西方文化的冲突，中华传统文化与现代文化的冲突，虚拟文化与现实文化的冲突等等，这些都体现了文化的冲突性。对于这些文化冲突，并不是全盘否定，而是对此有个清晰、正确的认识。面对这些文化冲突，我们应该具有辨别能力，应该保持哪些优秀的传统文化，又应该抵制或摒弃哪些糟粕文化。

四、文化认同的价值

（一）文化认同对大学生个人健康成长的意义

一个人自我意识觉醒的标志就是提出"我是谁"的问题，在探寻问题答案的过程中，有了自我意识，确定自己的身份。而文化认同就是大学生构建个人身份和身份意识觉醒的有效路径。大学生通过进行文化认同，个体身份意识觉醒。在社会生产实践过程中会产生和结成各种各样的社会关系，比如说"自我"和"他者"的社会关系。大学生正是通过对这种社会关系的判断来认识自身的。个人所属社会的文化也是由各种社会关系的综合体构成的。通过文化的认同，人们来确认自己的身份。文化认同的价值体现就是大学生确定自身价值的过程。我们对于自身价值的判断往往是由自身对他者或他物的价值决定的，价值体现的方式则是自身与他人他物的关系。个体不能决定自身价值，判断的标准只能是社会的价值标准和价值取向。从某种意义上来说，文化就是社会精神的凝聚，涉及的范围非常广泛，包括政治、经济、艺术、科学等，文化也是社会价值标准和价值取向的体现。这样一来，个体对价值的选择就能通过文化认同展现出来。个体必须遵循所在社会的文化价值，这是个体确定和实现自身价值的前提。文化认同还能确定个人的兴趣、爱好、行为方式和价值取向等。文化认同对于大学生来说意义重大，在文化认同的过程中，大学生可以培养自我意识，确定自身身份和价值。

大学生对社会的知觉、态度和行为的重要影响因素就是文化认同。现阶段，改革开放和全球化发展构成了社会多元文化环境，大学生从小到大处于这种环境中，极易受到外部环境的熏陶和影响。这种影响渗透于大学生成长和生活的方方面面，并且不易察觉。大学生的思想和行为都会被文化这种软力量所影响。虽然这种影响是潜移默化的，但其效果却是长久的。众所周知，大学生是生活在特定时代背景下的文化环境中的，大学生对这种环境技能认知和认同，文化环境也能对大学生行为给予制约和规范。违规行为指的就是大学生的行为跨越了文化认同的规范底线，文化认同是大学生在社会活动中的行为准则，在文化认同的范围内支配自己的行为。

文化认同也深刻影响着大学生个体社会化的进程。每个人都有与生俱来的一种属性，那就是自然属性。而个人拥有的另一种属性则是社会属性，这是后天习得的。个体的社会化过程指的就是一个人为了适应社会生活而不断习得社会属性的过程。个体在习得过程中会受到所处文化环境的影响，在这种内外因素综合作用过程中，个体则形成了对文化的认同。良性的、正向的文化认同可以推动大学生认清自身所处的身份、地位和使命，自己的个性、角色和价值观与社会需求相符合，与社会主流价值观相适应。

社会环境中的文化是复杂并且多元的，大学生对文化认同的差异会导致他们人生发展轨迹的差异。大学生的价值观和行为习惯正处于养成的重要时期，对中国特色社会主义文化的认同，是大学生精神世界和思维方式、精神风貌及实践行为发展的关键因素。只有认同中国特色社会主义文化，大学生才能在德智体美劳上得到比较全面的发展，才能在复杂的社会环境中保持清醒的头脑，拥有独立的、适应社会发展所需的思考能力和实践能力，才能养成良好的生活习惯和学习习惯。

（二）文化认同保障大学生文化自信和文化自觉

社会环境是多元和复杂的，大学生在复杂的环境中需要找准个人定位，坚持社会主义核心价值观，进而增强文化自信和文化自觉。

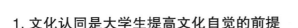

1. 文化认同是大学生提高文化自觉的前提

费孝通是著名的社会学家，他在 1997 年提出了"文化自觉"的思想，费孝通认为"文化自觉是指生活在一定文化中的人对其文化有自知之明，明白它的来历，形成过程，所具有的特色和它发展的趋向，不带任何文化回归的意思"。大学生对于文化的态度，认同并乐于接受什么样的文化决定着大学生能够成长为什么样的人。由于全球化的发展，现代社会的文化呈现多元的特点，这种复杂的文化环境可以为大学生提供文化营养，也对大学生的文化观念带来了东西方、新与旧、虚拟与现实的冲突。不同的文化具有不同的价值观念，复杂的文化环境冲击着大学生的思想。只有培育正确的文化认同，才能应对文化冲击，提升文化自觉，提高大学生思考和辨别是非的能力，在多元文化的冲突中保持积极的心态，确定自身身份，坚定自己的人生理想，用批判的思维面对复杂的多元环境，汲取环境中的文化营养，树立正确的文化取向，提升中国特色社会主义文化自觉。

文化自觉是在文化认同的基础上进行的。大学生的文化自觉建立在文化认同的视野之上，这也是提升文化自觉、应对和解答文化自觉中的问题的有效途径。费孝通说过："文化自觉是一个艰巨的过程，只有在认识自己的文化、理解所接触到的多种文化的基础上，才有条件在这个正在形成中的多元文化的世界里确立自己的位置，然后经过自主的适应，和其他文化一起，取长补短，共同建立一个共同认可的基本秩序和一套各种文化都能和平共处、各抒所长、联手发展的共处原则"。对中国特色社会主义文化进行深入地了解和评价，才能增强大学生对中国特色社会主义文化的认同感，进而提升大学生的文化自觉，激发他们的社会责任感。

2. 文化认同是大学生增强文化自信的保障

文化自信对国家、民族、社会有着非常重要的作用，关系到国运兴衰、文化安全、民族精神独立性等方面。文化自信是一种广泛而深厚的自信，拥有深沉而持久的力量。在复杂多元的文化环境中，大学生要善于发现和认识本民族文化的优势和闪光点，只有拥有强大的文化自信心，在应对外来文化冲击的过程中，才能坚持自己的文化定位，学习和借鉴外来文化。中国在社会主义现代化建设和文化建设中的实践成果已经得到了全世界的认可。新时代的大学生是社会主义建设的接班人，必须对民族优秀传统保持强大的自信，积极地投身现代化建设。

树立正确的文化认同，能够促进大学生继承和弘扬中华优秀传统文化，提升对革命文化和社会主义先进文化的认同感，坚定对中国特色社会主义文化的自信。中华优秀传统文化和社会主义先进文化中蕴涵着丰厚的智慧和先进的价值理念，这也是文化自信的根源。高度认同中华优秀传统文化、革命文化和社会主义先进文化，这是提高民族自信心和凝聚力的重要环节，也是保障文化安全的重要措施。保持高度的文化认同才能形成良好的行为规范和价值规范，才能提升民族的向心力和凝聚力，才能把社会主义文化强国建设好。在社会主义核心价值观的引领下，大学生需要对中国特色社会主义文化保持高度认同感，这样才能促进国家在社会各领域的发展，让人民的根本利益得到有效维护，保障国家的安全，增强对中国特色社会主义文化的自信。

（三）文化认同对大学生民族认同和国家认同的意义

民族认同、国家认同和文化认同是一个关系密切的整体。个体或群体的文化归属意识和价值取向是文化认同的体现。一方面，想要实现民族认同必须先达到文化认同，自人类社会诞生开始，对所处的部落、群体内部的血缘关系上的认同，就是人类文化认同的起源。在这之后，文化认同逐渐表现为对所属群体的文化符号的认同，古代社会的图腾崇拜就属于这一类，民族认同也是随着部落和群体发展为民族而出现的。由于民族在发展，对外文化交融的过程中存在民族的融合、文化的交融、认同的碰撞与对立，使原有的对民族的认同与对本民族文化的认同转变为一种民族意识与民族情感，人们的认同进入一个新的阶段。另一方面，国家认同相较于文化认同和民族认同是更高层次的认同，个体或群体在心理上对所处的国家政治共同体产生的归属感，对国家尊严和荣誉的维护，对国家主权和领土的捍卫就是国家认同的表现。更进一步来讲，文化认同是前提，文化认同的核心内容则是民族认同和国家认同，不同的民族、国家，文化认同的内容结构是各不相同的，但总的来说都以民族认同和国家认同为核心。从这个层面上来讲，培育和构建文化认同有助于维护民族团结和国家统一。多元文化的文化边界在全球化发展的浪潮中日益模糊，面对外来文化的冲击和压迫，一些民族和国家的文化遭受了严重的威胁，丧失了完整性和独立性，民族和国家文化认同危机也由此出现。构建以民族和国家为核心的文化认同，正确对待文化间的差别，有利于保持本民族文化的独立和完整。大学生需要保持对本民族和国家文化深层认同，继承、弘扬和践行中国特色社会主义文化，将我们国家的文化底蕴和综合国力向世界展现出来。

（四）促进现代性社会制度建设

文化认同的发展方向是受到特殊社会制度的价值导引的。通常，在人的社会实践过程中所具有的价值理念，对于文化行为来说，是能够起到规范性的作用和影响的，尤其对于物质文化生产，这一点表现得尤其明显。对于物质文化的生产，文化认同的发展方向是以这样的价值理念来表现的，即在以现代技术为核心的物质文化的生产中，应以社会主义制度为基础，不仅使人的生产实践活动过程和人的文化行为向着社会合作的形式发展，而且要通过社会的组织形式，使社会制度各种现实的和潜在的优越性发挥出来，有效引导物质文化的生产。这样的文化认同思想的基础来自两个方面，其一是从价值判断上丝毫不怀疑社会主义制度的正确性和优越性，其二是从实践过程和具体行为上具有落实制度所给予的自觉性。我们看到，价值观在如上两方面对物质文化生产的导引，实际上体现了将社会主义核心价值观的基本思想，以文化认同的形式，融入到社会生产、社会生活的组织形式和生活方式的组织制度中，从而引导和规范了社会主体的文化行为。

社会秩序化的制度建设，形成良好的理性规则，使之在实践中得到最有效的执行，是实现以人为本的文化认同的基本目标和一般目的的根本性保证。我国的社会主义核心价值观，以其代表人民的基本追求，体现我们社会主义制度的优越性，在文化认同目标实现的过程中，应该得到最有效落实和最充分的执行，以其社会制度的组织化的约束力，充分化解社会的文化冲突对于文化认同目的实现的消极影响和后果，从而使承载价值观的文化认同，在维护社会稳定、强化社会秩序的制度建设中，成为最有意义的理性规则，起到应有的作用。做到这一点，就需要使广大人民群众认识到、理解到和看到我们制度的优越性，使一般社会主体转化为认同社会主义核心价值观的文化认同主体，使我们的社会文明成为在弘扬传统文化和接受新文化的过程中最好的文明形式，使我们的制度及其规范性和归约性，在社会发展中起到凝聚社会力量、形成社会合力的关键作用。通过有效的制度建设过程并强化制度的执行力度，不断培养和提升民众对社会主义制度的信任感，培养和提升人们之间的合作能力，不断增加社会大众彼此之间的行为期待和互帮互助，从而用信任代替怀疑，用帮助代替掣肘，用付出代替索取，减少因社会不信任产生的纷争和带来的影响核心价值观落实的障碍性因素，使社会主义的文化认同成为推进社会发展的积极力量。

以社会主义核心价值观为基础的文化认同，不仅是中华民族优秀传统文化的积淀，更是社会主义文化的思想凝练，同样也是科学文化积极吸收的结果。因此，它是我们国家内部积极的文化认同的实现和表现，将大大增加我们抵抗文化侵略和文化殖民行为的能力，使我们获得一种长久的"免疫力"。同时，也将在我们的制度设计和制度运行中推进文化认同的不断发展，这是一个双向的过程。正是在这样的文化认同的社会制度中，每一个个体的身份、自我和价值认同，都得到了充分的发展，人们享有本体性的安全感和幸福感，形成良好的自我实现的社会环境，获得自我实现的积极的物质力量和精神力量，解决了自我认同危机的关键因素，克服了"自我"被碎片化和被消解的现代主义情结，赋予人们以精神"食粮"，促使人们更多地去反思现实，探寻未来更好发展的社会机制，加强了社会主义的制度建设，不断获得更好的价值标准，在文化认同与社会主义建设的良性互动中，真正使人们有着对科学的向往，对知识的渴望，获得道德力量，对自己发展的不倦要求和努力。

六、文化认同的形成过程

文化认同是一个由表及里、由浅入深逐渐发展的过程，集中反映了人们对文化认识和接受的程度。一般而言，文化认同的最终形成需要经历认知认同、情感认同、价值认同和行为认同四个层次。

认知认同作为文化认同的重要基础，指的是人们对文化外在表现形式的认识和了解，以及因此而形成的思维中对该文化的概念。认知认同是形成稳定的文化认同的第一步，因为只有对文化有了一定的认识和了解，才能做出情感上的判断，从而进一步明确自己对该文化的态度。

作为文化认同的最初表现，情感认同就是人们对文化外在表现形式做出的亲疏好恶的情感区分过程。这个情感区分过程往往是受日常生活中一些常见的文化因素，即文化的外在表现形式影响，如传统节日、风俗习惯、文学艺术等。在面对这些文化因素的过程中，人们凭借自己的感性思维选择自己所喜欢的，从而在潜移默化中加深这种文化对自己的影响。如春节是对中国人影响最为深远的传统节日，但对于广大中国人而言，春节不只是一个简单的节日，而且代表着中华民族长久流传下来的家庭和睦、除旧布新等思想观念，其中各种饮食文化更是异彩纷呈。我们所说的"喜欢过年"，大人们是渴望家庭团聚，孩子们则是希望得到新衣服、吃很多好吃的，虽然各自目的不同，但在"过年"这个过程中，他们已经在不知不觉中受到了中华文化的影响，从而做出自己情感上的判断。

作为文化认同最为核心的部分，价值认同体现为对文化的归属感，是人们对共有文化所具有的价值的一种肯定。与情感认同有所区别，价值认同建立在人们对共同文化理性认识的基础上，而不再简单表现为一种亲疏好恶，是一种相对比较稳定的认同。同样以春节为例，如前所述，同样是喜欢过年，大人和孩子对于春节的认识是不同的，对于孩子而言，春节意味着好吃的、好玩的；对于大人而言，春节代表着家庭团聚。前者主要通过感性思维做出判断，因此是不稳定的，在他们的意识中，因为过年的好吃的多，所以才喜欢过年，并没有认识到春节的深层次意义，若过年没有好吃的，他们便不再认同；而后者是通过理性思维，认识到了春节对于中国人的深层次意义，企盼过年时候一家人的其乐融融，因此是比较稳定的。

作为文化认同的最终表现形式，行为认同建立在人们对共同文化"内化"的基础上，也即形成在情感认同和价值认同的基础上，通过具体的文化行为来表达自身对文化的认同，是将所认同的共同文化的价值"外化"为具体行动的过程。

下表可更加清楚地呈现文化认同的四个层次。

表 2-2-1　文化认同层次划分

层次	考察内容示例
认知认同	熟悉风俗习惯
	了解传统节日
	知道民族英雄
	……
情感认同	热爱传统节日
	崇拜民族英雄
	对本国文化的自豪感
	……
价值认同	意识到自己时刻受文化熏陶
	意识到文化的发展与自己息息相关
	肯定中华传统文化的当代价值
	……
行为认同	积极参与文化活动
	积极传承文化传统
	……

第三节　历史教学与文化认同的关系

著名史学大家钱穆先生在其代表作《国史大纲》一书中明确指出，一国国民对本国以往之历史应该具有一种"温情与敬意"，这一言论蕴含着老一辈学者的真挚情感，而其本质就是爱国主义。从一定意义上而言，爱国主义是一个贯穿历史学科教学始终的命题，学科教学的基础性价值维度即培育学生个体的爱国主义情怀。

一、历史教育和中国传统文化的关系

关于历史教学的改革新增加了传统文化教育。在历史教学中实施传统文化教育，有利于教育效果提升。换言之，将传统文化与历史教学进行融合，可全面提高学生的积极性，为学生文化格局的增强打下坚实的基础。

中国传统文化教育中，孔子的教导是做公平正义的人，但做的事也要合乎礼法。可见，传统文化当中有鲜明个人修养，值得更多的人去学习。目前历史教学的方法都有了前所未有的进步，但仍然要加强创新，有效结合传统文化教化的基本功能。教育的重点是教育学生明白人不能在社会孤立存在，每个人都有社会权利，同时也要履行责任和义务。历史教师要教育学生在遇到问题时学会用合作的方式解决问题。

历史教育和中国传统文化的关系密不可分，其不变的主线是传承历代民族精神，发扬自强不息，勇于自我牺牲精神。而历史教学就是民族精神培养的主要手段，所以要在教育中围绕爱国主义、历史教育和中国传统文化融合的关系，进一步培养学生的民族精神。

历史课程主要讲述了国家兴衰、社会变迁的历史过程，其中作为精神文明教育范畴的民族传统文化，更是成为其显著特点。我国坐落于世界东方，在这片养育了无数中华儿女的古老大地上，人民用勤劳和智慧不断丰富着中华文明。中华汉字是东方文化发展至今的瑰宝，从甲骨文到钟鼎文，从钟鼎文到隶书、楷书以及草书等，这些演变均反映了我国社会当时的政治、经济以及文化发展。从政治制度上来说，"约法三章""唐律疏议"体现了法治为本的历史方向。从道德层面来讲，古代讲究"和而不同""礼义廉耻"和现代提倡的"自由、平等、公正、法治"社会主义核心价值观相吻合。中国作为世界四大文明古国，历史文化璀璨，尤其是经过几千年的洗礼后，传统文化认同的内涵也渐渐被内化，这也是我国传统文化绵延不息的原因。身为中华儿女，我们应该从内心认可传统文化，树立起民族文化自信和认同感。

二、传统文化在历史中的地位

传统文化认同教育，应该引起广大研究者的注意。为将其落实到实际教育中，教授则可以将其作为人文精神培养的内容，与历史结合，塑造健全的人格和身心，并且能够树立正确的历史观和价值观。从我国的政治发展视角来看，古代运用的制度代表了当时政治的先进性，也让我们更加了解古代传统政治文化。从文化角度视角来说，百家争鸣、汉代儒学、明清思想等一度成为社会的主流思想，尤其是孔子提出的儒家学说更是影响深远，也成为每个国人树立文化认同感的精神财富。除此以外，国人人格塑造的典型素材可以从古代艺术中汲取到，比如在《汉简》中学习隶书的艺术成就，在王羲之的《丧乱帖》中体会行草这种书法的艺术表达；在《江城送别图》中感受作者深远的艺术意境，在《秦始皇廿六年诏铭》中感受篆书的艺术风格，还有《离骚》《诗经》等很多古代文学作品，以上内容，我们都可以从历史资料中进行挖掘，发散学习者的思维方式，使其能够走出思想的误区，培养浩然之气和心系天下的济世情怀。李白曾经发出"仰天大笑出门去，我辈岂是蓬蒿人"的喟叹，传统文化的弘扬，有利于增强文化自觉、增进文化认同、彰显文化自信。

三、历史教学是文化认同教育的必要载体

（一）从广度来看，中国传统文化百家争鸣

中国传统文化包括儒家、法家、墨家、道家四大主要学派。西汉时期董仲舒崇尚儒术，而汉文帝、汉景帝推崇道家，国家因为修生养息而兴盛发展，

后续随着传统农业和小手工业行业的发展，墨家的兼爱非攻成为农民所崇尚的传统理念。各学派均随着历史长河的发展不断创新，发扬光大。东汉传入的佛教也被我国的传统文化所开怀接纳。宋代后三教合流，儒教佛教道教三家思想相互渗透，是我国哲学思想史上的飞跃。我国传统文化包容性和发展性均是极强的，各文化的有机交互是文化认同发展的必要依据。

（二）从深度来看，中国传统文化渗透性强

在历史长河的流淌中，儒家思想、科举选拔等文化影响了历代君王。比如说西汉昭帝追封孔子为褒成宣尼公，到东晋时皇帝亲自祭奠孔子，再到宋代下诏必须避讳孔子的名字，直到清康熙皇帝对孔子行三跪九拜之礼并为孔庙题字等，历代君王对孔子的加封、尊崇的规格不断提升，多民族均被儒家文化所感召。传统文化除了在国内影响了很多民族，也逐渐渗透到了周边各国。譬如说，日本遣唐使来中国学习文字、茶道、艺术等中国传统文化，中国传统文化辐射面广，渗透度深。

（三）从高度来看，中国传统文化契合未来发展准则

从古代西汉的丝绸之路到现今的海上丝绸之路，中国始终秉持着和平的发展观。秦汉时期中国军备完整，仅限于防备边境游牧民族。明代郑和将中国传统文化传播远洋，和平友好地与东南亚国家相处。现今由于网络文化的发展，各国之间经济、文化联系越来越多，必须构建人类命运共同体，讲求和平共赢。中国传统文化的和平观与当今世界的发展趋势相契合。

昨天、今天、明天，衔尾相随，历史与未来正是在现实中交汇，认识过去是理解现在和未来的钥匙。文化认同教科书最直接的表达就是历史。历史是一面镜子，从历史中，我们能够更好看清世界、参透生活、认识自己；

历史也是一位智者，同历史对话，我们能够更好认识过去、把握当下、面向未来。例如学习党史、新中国史、改革开放史和社会主义发展史（以下简称"四史"），可以知史爱党、知史爱国、知史惜今，有利于引导人们正确认识当代中国的历史和现实，让我们更直接和深刻地感受到红色政权和新中国的来之不易，中国特色社会主义的来之不易，让我们爱国的心更加醇厚，从思想和行动上提升了我们报效祖国和建设祖国的信心，更加发奋为建设社会主义现代化强国而努力奋斗，为中华民族实现伟大复兴的中国梦奉献自己的全部力量，从而使人们在内心深处对中国文化的认同。

四、历史是最好的爱国主义教科书

欲知大道，必先为史。历史是一个民族的精神家园，是一个社会、国家兴衰成败足迹的深刻勾勒，承载着一代又一代人的记忆与情感。正确对待历史是爱国的前提和基础，加强历史教育是爱国主义教育的关键一招。

（一）历史是最好的教科书，也是最好的清醒剂

历史是最好的教科书，也是最好的清醒剂。了解历史可以清楚地明确自己承担的历史责任，可以更加深刻了解我国发展的历史使命，更加掌握好当代中国发展的准确方向。

首先，历史是塑造和强化人们的民族文化认同与身份认同，增强个体民族自豪感与荣辱感的重要纽带。历史是一个民族的集体精神记忆，通过学习历史，可以帮助人们认识自己的精神基因，延续民族的精神传统，增强民族身份认同和国家认同。其次，历史是传承经验、反思教训、总结规律、提升素养、明确方向的重要途径。历史记录了古人成功和失败的经验教训，记录了古人积累的各种科学文化知识和治理国家和社会的思想与智慧。学习和了解

历史上的文化知识、思想智慧、经验教训，对于提高个人的思想修养和工作能力大有裨益，对于促进国家和民族发展也大有助益。最后，历史中蕴藏着实现中华民族伟大复兴中国梦的精神力量。"中国梦"是承载着深厚历史情愫的奋斗目标，它是 170 多年奋斗、70 多年探索、40 多年发展的结晶，是当代爱国主义教育的鲜明主题。历史和历史教学有助于深化"中国梦"的宣传教育，提升人们的文化认同，为实现中华民族的伟大复兴凝心聚气、强基固本。

（二）中华民族的历史长河中始终贯穿着爱国主义精神

5000 多年来因为中华民族有着深厚持久的爱国主义传统所以能够经受住无数难以想象的风险和考验，生生不息，始终保持着旺盛的生命力。在漫长的历史时期里，爱国主义精神是中华民族的精神基因，深深的根植于每一个中华儿女的心里，维系着中华大地每一个民族的团结统一，是国家发展、民族团结的重要精神力量，让一代又一代的中华儿女为祖国发展而奋斗，是贯穿中华民族历史的主线。

古有"王师北定中原日，家祭无忘告乃翁"的爱国情，"人生自古谁无死，留取丹心照汗青"的爱国志，也有"一年三百六十日，多是横戈马上行"的爱国行。近代以来为救家国前赴后继的改良之士有之，自强求富的探索之士有之，武装起义的革命之士亦有之。自梁启超首次提出"中华民族"一词后，中华民族的团结统一逐渐内蕴为近代爱国主义精神的深沉追求。1921 年，中国共产党成立，中国人民的爱国主义发展到了崭新的历史阶段。中国共产党领导人民推翻"三座大山"、领导人民建立了社会主义制度、领导人民开启了改革开放的社会主义现代化新征程，为捍卫国家主权、增进民族团结、促进人民发展谱写了可歌可泣的壮丽史诗。中国共产党是爱国主义精神最坚定的弘扬者和实践者，百年来，中国共产党团结带领全国各族人民进行的革命、建设、改革实践是爱国主义的伟大实践，写下了中华民族爱国主义精神的辉煌篇章。历史的步伐迈进新时代，机遇与挑战并存。只有坚持中国共产党的领导，才能统筹好国际和国内两个大局，在变革的社会中始终初心不改，使命不忘，把握好爱国主义在当代的鲜明主题，实现中华民族伟大复兴的中国梦。

（三）加强历史教育是应对历史虚无主义挑战的必然要求

尊重传承中华民族悠久历史与文化，正确看待"四史"，是深化爱国主义情感和进行爱国主义教育的主要途径，是深刻认识历史和人民选择马克思主义、选择中国共产党、选择社会主义道路的必然性。然而近年来，一些打着"全球主义"或"理性主义"旗帜的历史虚无主义者，大肆否定历史上著名爱国人物对国家和民族发展作出的贡献，反过来以"揭开历史真相"等煽动性口号，宣扬一些早已被历史所否定的卖国贼与背叛者，间接稀释中国传统爱国价值观。一些别有用心者打着"解密历史、还原真相"的幌子，利用"后真相时代"技术与信息操纵下的情感煽动运作机制，刻意扭曲历史事实、大肆抹黑民族英雄、美化历史反面人物。这些做法在本质上是历史虚无主义思潮对主流历史观点、人物的虚无、解构与破坏。因此，新时代加强历史教育是应对历史虚无主义挑战，培育爱国主义精神的必然要求。只有加强历史教育，培养人们正确的历史观与历史思维，引导人们以历史唯物主义和辩证唯物主义的科学世界观与方法论认识历史事件与历史人物，人们才能在全景的历史视野中把握爱国主义精神这一以贯之的红线，从而形成正确的国家观、民族观、历史观，增进"四个自信"，积极投身于中华民族复兴的伟大事业。

五、文化认同教育推动历史教学的发展

上世纪 50 年代开始，文化认同理论被人提出，并应用在历史与文化领域内。文化认同教育是基于人们对文化的自信与热爱，符合高校历史教学改

革与学生发展的需求。分析文化认同教育在高校历史教学中的实践意义，具体如下：（1）文化认同教育是高校历史教学的重要性内容。弘扬传统文化与民族精神是教育改革对大学生提出的要求，有利于培育学生人文精神，推动学生形成科学历史观。《诗经》作为儒家经典，是我国古代文学的开山之作，更是高校历史教学的重要内容，有利于帮助学生养成更加良好的人格。（2）文化认同教育可以培养学生的历史兴趣。比如长沙马王堆出土的素纱禅衣，学生从49克的数字中可以感受汉代丝织品的精湛工艺；商朝司母戊大方鼎不仅代表了权力，更是突出了我国古代的冶金技术；陶瓷工艺历史悠久，唐三彩更是名声大噪，这些工艺是劳动人民的智慧结晶，也是我国文化的美丽瑰宝，有利于大学生对手工业文化产生热爱之情，进而体会历史的进步。（3）文化认同教育有利于提升大学生的民族自豪感。作为课堂的主体，学生需要去正确判断一件事物的价值，通过文化认同教育与历史课的结合，学会辨别不同文化的内涵，以民族精神作为发展目标，培养出浩然正气，坚定修身与齐家理念，并朝着治国与平天下的理想出发。

第三章

高校历史教学在大学生文化认同教育中的作用

本章节内容为高校历史教学在大学生文化认同教育中的作用，以"中国历史"激发大学生文化自信、以"历史文化"增强大学生文化认同感、以"革命历史"开展大学生爱国主义教育三方面阐述。

第一节 以"中国历史"激发大学生文化自信

一、高校历史教学对大学生文化认同的重要性

中国史学具有悠久的历史。然而，中国史学史还是一门正在建设中的年轻学科。从梁启超提出史学史的做法到现在，尚不足百年，若从历史教学的角度来看，民国学者虽编写了几部中国史学史讲义，并正式出版了三部中国史学史著作，但中国史学史教学在大学课堂上毕竟尚未普及。中华人民共和国成立 70 多年来，中国史学史在学科建设、教材编纂和课程教学方面均已取

得了长足的进展。然相较于丰厚的史学遗产而言，中国史学史教学在经验、理论和方法等方面仍需不断改革和完善。如何实现形式的选择和能力的培养相统一，是一个需要教学者自觉思考和深入实践的重要课题。

（一）高校历史教学提高了学生的认知能力

中国史学史虽已被列入大学历史学专业必修课程，但一些高校并未系统开设这门课程。早在 1914 年，日本学者内藤湖南就在京都大学讲授中国史学史了。中华人民共和国成立后，北京师范大学、暨南大学、南开大学等高校较早开设这门课程，暨南大学历史系教授朱杰勤指出："一个历史系没有中国史学史一科，一个学习历史的人而不知中国史学的发生和发展及其基本内容，就无从探索学习中国史学的途径和批判地继承我国的丰富文化遗产，也就不能符合历史系培养学生的规格"。所以，中国史学史的教学是历史学专业大学生培养的一个重要的不可或缺的环节。中国史学史课程使史学专业的大学生明白中国史学史课程的宗旨之一是提升同学们的历史专业素质，让同学们认识到中国史学史的发展趋势。由此观之，作为一门必修课程来说，中国历史教学所承担的任务是很重的。

问题在于，如何讲授中国历史呢？这里面自然可以有多种答案。但有一点大概是可以取得共识的，即生动是对中国史学史教学的重要要求，也是衡量中国史学史教学成败的一个重要标准。

讲授中国史学史与讲授客观历史不同。乍看上去，中国史学史要比中国通史、断代史枯燥些。实际上，如果我们注意从中国史学史的丰富遗产出发，选取那些有代表性的史料加以分析，以会通的眼光明裁和阐释史料，辅以灵活多样的讲课技巧，是能够让中国史学史变得更加生动的。如在讲授"《春秋》笔法"时，有多种讲法，可以从理论上阐明，也可以根据多种中国史学史著作中的论述来讲解。这两种讲法的局限在于无法让同学们真正体会"《春秋》笔法"的意义、价值和局限。如果以典型史学案例为主干，加以深入浅出地讲说，则效果可能会好些。如选取"赵盾弑其君"为例。《左传·宣公二年》记载：

乙丑，赵穿攻灵公于桃园。宣子未出山而复。大史书曰："赵盾弑其君。"以示于朝。宣子曰："不然。"对曰："子为正卿，亡不越竟，反不讨贼，非子而谁？"宣子曰："乌呼，'我之怀矣，自诒伊慼'，其我之谓矣！"孔子曰："董狐，古之良史也，书法不隐。赵宣子，古之良大夫也，为法受恶。惜也，越竟乃免。"

史官董狐明知是赵穿杀害了晋灵公，却判赵盾为杀人凶手。不仅如此，董狐还把这一记载公示于朝。赵盾自然要为自己辩白。可是，董狐说他身为正卿，逃亡而未出国境，回朝也不捉拿赵穿，从道理上讲，赵盾就是凶手。赵盾听后只好默许。孔子既称赞董狐是良史，也称赵盾是良大夫。这就是"《春秋》笔法"在事实之真与义理之真之间的选择与取舍。同学们听后会觉得很有味道。玄而又玄的"《春秋》笔法"也就不难理解了。

生动地讲授中国史学史，就不能忽视中国史学家的情感，要讲出名篇名著的魅力。冷冰冰的史学论述之所以没有温度，缺乏吸引力，是因为我们有意无意地忽略了史学家的感情，不能用自己的语言再现名著的风采。这里以司马迁与《史记》为例略做说明。《史记》是历史学专业同学的必读书，但很多同学却慑于它卷帙较大，又是文言文，对它敬而远之。其实，《史记》是基于时代使命感和家族荣誉感而撰写的发愤之作。在课堂上，可以《史记·太史公自序》和《报任安书》为文本，剖析司马谈临终之前执子之手而留下的遗嘱、司马迁在李陵之祸后痛不欲生又不甘心沉沦的心情。《史记》善于刻画各阶层人物。司马迁写项羽与刘邦的性格，可谓入木三分："项羽大怒，伏弩射中汉王。汉王伤匈，乃扪足曰：'虏中吾指！'"刘邦的急中生智给读者留下了深刻的印象。《史记》写著名的酷吏张汤，开篇就是：

张汤者，杜人也。其父为长安丞，出，汤为儿守舍。还而鼠盗肉，其父怒，笞汤。汤掘窟得盗鼠及余肉，劾鼠掠治，传爰书，讯鞫论报，并取鼠与肉，具狱磔堂下。其父见之，视其文辞如老狱吏，大惊，遂使书狱。父死后，汤为长安吏。

这里写张汤幼年因鼠盗肉而被父笞打，以及张汤挖老鼠洞、审盗鼠，栩栩如生，明乎此，也就不难理解张汤后来何以能成为酷吏了。讲授者把《史记》中的《游侠列传》《刺客列传》《李斯列传》等名篇从史学的角度解读一番，会给同学们留下想象的空间，带来美的享受。这样生动的事例在中国史学名著中并不少见。司马光的《资治通鉴》是中国史学史课堂上不能忽略的内容。如何让同学们领会《资治通鉴》高超的叙事艺术呢？空说无力，还是要善于选择名篇加以揣摩。《资治通鉴》记李想征讨吴元济，本是一场雪夜急行军的攻城战，但在司马光的史笔下，却绘出了一幅农家田园的小景，有鸡鸣，有鹅鸭水塘。通过这样的讲解，同学们会对《资治通鉴》产生亲切感和阅读的兴趣，于无形之中也就达到了我们教学的目的。

（二）高校历史教学奠定了学生的学风基础

中国历史教学重点讲授关于史书、史家、史学现象、史学思潮的内容。从课程属性和学科特点上来说，中国史学史不同于史部目录解题。中国史学史的课堂还应宣扬优良传统、培养优良学风。近年来，论文抄袭、学术腐败的现象已经引起了学术界甚至全社会的广泛关注，这都与学风败坏密切相关。大学阶段是锻造一个史学工作者学术品行的重要时期。因此，在大学阶段养成良好的学术风格、健康的学风意识，是中国史学史课程应当承担的责任。

中国史学史课程要加强对学风问题的阐述，让同学们认识到学风之于学术研究的重要性。在授课中，笔者有意专门讲述学风问题，意即在此。

学风是看不见、摸不着，但又无时无刻不影响着学术发展的。学风凝聚在一部部扎实的著作中。这里以清代史学上的优良学风为例，稍加阐述清代史学是我国传统史学的集大成者。它继承了丰厚的遗产，又在历史考证学和史学理论方面有所突破。这一切都离不开优良的学风。清代史学家在学风上有三点是值得我们关注的。首先是锐意创新，成一家之言的学术追求。清代史学的开山鼻祖顾炎武在他的《日知录》中已明确传递出这种学风：

愚自少读书，有所得辄记之。其有不合，时复改定。或古人先我而有者，则遂削之。积三十余年，乃成一编，取子夏之言，名曰《日知录》，以正后之君子。

这不到七十个字有着丰富的内涵。顾炎武勤于札记，有心得即录于笔端。他还勇于修订自己的学术观点，长期探索。更为难得的是，一旦发现自己的观点与前贤重复，便毫不犹豫地删去自己的札记。顾炎武这样做体现了怎样的学风呢？可以概括为一个词——"创新"。顾炎武之后，乾嘉史学家在学风的建设上也有颇多值得称道的地方。关于创新的学问精神，在乾嘉时期并未中止。钱大昕治学"间与前人暗合者，削而去之"。这显然受到了顾炎武作《日知录》的影响。乾嘉史学家反对人云亦云，批评耳食之言，不蹈袭他说。今天的史学工作者可以从前辈史学家身上受到学风的教诲。

历史研究要服务于社会。史学工作者不能置身于社会之外。顾炎武说写文章要有益于天下。"文之不可绝于天地间者，曰明道也，纪政事也，察民隐也，乐道人之善也。若此者，有益于天下，有益于将来，多一篇，多一篇之益矣。若夫怪力乱神之事，无稽之言，剿袭之说，谀佞之文，若此者，有损于己，无益于人，多一篇，多一篇之损矣。"顾炎武强调学者写的文字应当有所担当，其眼光和胸怀都是卓尔不群的。这样，对于大学生优良学风的养成、奋进的人生观和世界观的树立都有积极的作用。

古代史学家的优良学风在 20 世纪的史学家那里也有所发展。20 世纪 30 年代，日寇侵华，顾颉刚创办《禹贡》半月刊，研究边驰地理。顾颉刚等人还编写大鼓词以及宣传抗日的小册子，充分发挥了史学的社会功能。近些年来，社会上常常有人询问史学工作者一个问题，"学历史有什么用？"这个问题让历史专业的大学生很苦闷、尴尬。这里面有社会对史学工作的误解，存在着评判有用、无用的标准问题。但同时也应该有一种自觉的意识，即史学工作者要胸怀天下、有用于世。这无关乎某个史学工作者是否愿意，而是我们研究是否有生命力的大问题。

（三）高校历史教学提高了学生的认同能力

学术如同艺术品，同样需要鉴赏和评论，历史学也不例外。民国史学界曾经集中讨论过历史学是科学还是艺术的问题。其实，这个讨论可谓热烈、持久，但至今仍有分歧，这说明历史学具有多重属性，它是一门实证性学问，也是一门带有艺术性的学科。基于这样的判断，笔者以为历史学的教学和研究都需要一定的学术欣赏和评论能力。

因此，中国史学史课程应适当加强对学术评论的引导，训练史学专业大学生的学术鉴赏、评论素养。鉴赏是一种眼光和见识，只有通过大量的阅读，积累丰富的文史知识，再经过严格的训练，恪守鉴赏的基本原则，然后才能品鉴史学，别出心裁。从史学史上看，学术评论始终伴随着中国史学发展，不明白学术评论，也就很难理解中国史学的演进。从当代史学建设的状况来看，史学界尚缺乏公开、公允、健康的学术评论和正常的学术商榷，爱听赞美之词，不爱批判之语，这样下去，无益于中国史学的发展。

在课堂上，对史学个案的鉴赏、评论做深入的分析是非常有必要的。郑樵是两宋时期著名的史学批评家。他对司马迁、班固、陈寿、范晔等众多史学家都进行过评论，阐发了他的"会通之义"主张。但郑樵在史学批评上也有瑕疵，如说："迁之于固，如龙之于猪。"把司马迁比作龙，把班固喻为猪。这不仅不符合事实，也是超越了学术范畴的人身攻击，不是一位史学批评家所当为。在讲完《通志·总序》后，可组织同学们自由发言。大家会有一个同感——史学批评要有宽广的学术胸襟，遵守史学批评的基本准则。从郑樵向上追溯，可重温唐代史学批评家刘知几的"才、学、识"史家三长说，由郑樵而下，可以延伸出《文史通义·申郑》，对章学诚提出的"史德""心术"说有所认知。

清代史学家给我们树立了史学鉴赏和评论方面的榜样。钱大昕在写给好友王鸣盛的一封信中，谈到评论的原则与艺术，说："但议论须平允，词气须谦和，一事之失，无妨全体之善，不可效宋儒所云'一有差失，则余无足观'耳……去其一非，成其百是，古人可作，当乐有诤友，不乐有佞臣也。"如何批评，需要"平允"的心态；评论付诸语言文字，应在字里行间显示出"谦和"的"词气"，否则就会变成学术上的"佞臣"。"议论"表达的是一种思想认识；"词气"属于文字表述的层面。这就对史学评论的心态和表述提出了明确的要求。

钱大昕的《廿二史考异》既是一部考证名作，也蕴含丰富的史学评论思想。他在序言中阐发了关于如何开展史学评论、为何开展史学评论的认识。"史非一家之书，实千载之书。祛其疑，乃能坚其信；指其暇，益以见其美。拾遗规过，匪为龂龁前人，实以开导后学。……而皆文致小疵，目为大创，驰骋笔墨，夸耀凡庸，予所不能效也。更有空疏措大，辄以褒贬自任，强作聪明，妄生疵痏，不卟年代，不揆时势，强人以所难行，责人以所难受，陈义甚高，居心过刻，予尤不敢效也。桑榆景迫，学殖无成，唯有实事求是，护惜古人之苦心，可与海内共白。那么这样的史学评论有百益而无一害。这些优秀的遗产对当前的史学研究和史学评论都有借鉴意义。

要切实体会并践行前贤在史学评论上的理论，具备前代史学家在学术鉴赏上的能力，还要请同学们进行具体实践。比如，列出十本近年来出版的史学著作，请同学们撰写书评。由教师逐一批阅，择要点评。这样的交流有助于提高学生的评论功夫。

生动并不是中国史学史课堂的最终目的。生动是为了让同学们投入这门课程中，去学习中国史学的丰富遗产。在这个课堂上，具体的史学知识和理论都将被转化为历史研究的能力与素质，这就包含着优良的学风和学术评论的见识。如果说生动是中国史学史教学之形貌的话，那么认同和学风则可被称为中国史学史教学的精髓。形神兼备，才是中国史学史教学追求的境界。

二、高校历史教学内容中的文化自信

中国拥有五千年的历史，在各个历史阶段都会出现历史名人，同时也在不同的历史阶段，也出现了许多名人事迹，在高校历史教学中想要培养学生的文化认同感，务必要遵循文化认同形成过程，引导大学生完成对历史的认知认同，在历史教学中深入挖掘不同历史时期的文化认同教学素材。

（一）中国古代史综述

纵观中国历史发展的轨迹，不仅仅是朝代的兴衰更替，更是文明的碰撞与发展。夏启开始了"家天下"的局面，世袭制代替禅让制，商汤灭夏，武王伐纣，到西周时期建立了分封制和宗法制。宗法制是家国情怀的起源。春秋战国时期各个学派兴起形成百家争鸣的局势，思想文化领域生机勃勃，尤其以儒学对后世产生了极大影响。秦始皇统一天下后，采取的统一文字、货币、度量衡等举措对后世影响深远。汉武帝时期，儒学正统思想的地位得以奠定。汉朝丝绸之路的开发，沟通起东西方经济、文化，意义非凡。公元四世纪后期，鲜卑族拓跋部建立了北魏政权，统一了北方，孝文帝迁都洛阳，并进行一系列的改革，包括禁用鲜卑语而使用汉语，穿汉服、改汉姓等措施。孝文帝的改革极大程度上促进了民族的交融，丰富了中华民族的物质文化和精神文化，为民族的统一作出了卓越贡献。隋炀帝时期，科举制度的正式形成改变了以往选拔人才时重视门第而忽略才能的弊端，推动了教育的发展，科举制度在我国历史上沿用了 1300 多年，是中华文化中不可磨灭的一部分。唐朝出现了贞观之治和开元盛世的局面，经济繁荣，汉族与少数民族交往加深，社会风气开发，中外交流频繁，文学艺术领域人才济济，出现了李白、杜甫、白居易等伟大诗人。两宋时期，社会经济蓬勃发展，商业繁荣，出现了交子，文学领域宋词不断发展。忽必烈建立了元朝，完成了全国的统一，元朝作为少数民族政权的王朝，加强了各民族的联系与交融，它所建立的行省制度影响广泛。明朝时期，科学技术有很大成就，如医药学家李时珍所著的《本草纲目》，科学家徐光启所著的《农政全书》都对后世产生了深远影响。程朱理学不断发展，科举考试只考四书五经，采用八股取士的方式极大地束缚了人们的思想。清朝的文化专制禁锢了人们的思想，闭关锁国政策使中国落后于世界，直至 1840 年鸦片战争的爆发拉开了中国近代史的序幕，国人才开始反思。

中国古代史如一幅漫长的画卷，在历史的长河中被徐徐展开。而中华民族的传统文化蕴含在历史之中，常言道"读史使人明智"，高校历史教学不仅仅是知识的灌输，更是要培养学生感悟历史的能力，培养学生的文化认同感，培养学生的家国情怀能让他们树立民族自豪感。中华文化博大精深，汉字的魅力、儒学的独特、历法的先进、四大发明的领先、民族的多样、文学的繁荣等等都是其他国家文化所不具有的。以"四大发明"为例，随着印刷术的出现改变了只有僧侣才能读书和受高等教育的状况，改变了文化传播方式，促进了文化共享，便利了文化的传播。火药和火器的出现则助推了西方文明的极大进步，从思想层面推动了欧洲进步，打破天主教的牢笼枷锁。而指南针的出现则打破了世界各国封闭的状态，成为航海家环球航行的重要工具。如此种种，无不彰显着我国古代发明的伟大，需要教师在对学生进行引导，让学生在过程中感受其贡献之大。与此同时，还有各类天文地理发明，也是遥遥领先于世界，如西汉前朝的地图纸、东汉张衡发明的地动仪等等，都是领先西方国家，为世界相关领域的发展提供了重要借鉴，影响深远，意义重大。通过这些伟大发明，学生在学习中可以了解到中华民族的伟大智慧，感受民族力量，从根源上认同民族身份，增强学生文化自信。

（二）中国近现代史综述

中国是一个文明古国。中华民族具有五千多年连绵不断的文明历史，创造了博大精深的中华文化，为人类文明进步作出了不可磨灭的贡献。中华文明历尽沧桑始终绵延不断、传承不绝，表现出顽强的生命力。

当欧美一些国家从 17 世纪中叶开始确立资本主义生产方式，从 18 世纪 60 年代开始工业革命的时候，中国最后一个封建王朝——清朝的统治者却夜郎自大、自我封闭，拒绝与外国交往：原来文明程度落后于中国的欧美国家，这时跑到了中国的前面，落后就要挨打。1840 年，急于向外扩张的英国发动侵略中国的鸦片战争。中国历史的发展从此发生重大转折。

鸦片战争以后，中国逐步成为半殖民地半封建社会，国家蒙辱、人民蒙难、文明蒙尘，中华民族遭受了前所未有的劫难。从那时起，中国社会发生两个根本变化：一是独立的中国逐步变成半殖民地的中国，二是封建的中国逐步变成半封建的中国，这种半殖民地半封建社会，是近代以来中国在外国资本——帝国主义势力入侵及其与中国封建主义势力相结合条件下，逐步形成的一种从属于资本主义世界体系的畸形社会形态：从鸦片战争开始，到1949年中华人民共和国成立前，中国都属于半殖民地半封建社会。

半殖民地半封建社会性质，决定了近代中国社会矛盾呈现错综复杂的状况，在诸多社会矛盾中，主要矛盾是帝国主义和中华民族的矛盾、封建主义和人民大众的矛盾。上述主要矛盾贯穿中国半殖民地半封建社会的始终，并对近代中国社会的发展变化起着决定性作用：近代中国革命，就是在这一主要矛盾激化基础上发生和发展起来的，随着近代中国社会性质的改变，社会阶级关系也发生深刻变动，不仅原有的地主阶级、农民阶级发生了变化，还有工人阶级、资产阶级、小资产阶级等新的阶级产生出来。

在半殖民地半封建的中国，外国资本主义、帝国主义和本国封建主义的联合压迫，严重阻碍了中国的社会发展和进步，成为人民痛苦和民族灾难的根源。面对苦难，中国人民和中华民族奋起抗争，以百折不挠的精神，进行了一场场反帝反封建的革命斗争。近代中国人民的革命，在五四运动以前，属于旧的资产阶级民主主义革命范畴。

近代以来，世界主要资本——帝国主义国家几乎都侵略过中国，而从鸦片战争直到抗日战争，中国的反侵略战争无不以失败而结束。究其根本原因，正如毛泽东所说："一是社会制度腐败，二是经济技术落后。"[①] 正因为如此，争得民族独立、人民解放，实现国家富强、人民幸福，就成为中国人民必须完成的两大历史任务；实现中华民族伟大复兴的中国梦，就成为中国人民和

---

① 《毛泽东文集》第八卷，人民出版社1999年版，第34页。

中华民族最伟大的梦想。在两大历史任务中，前一个任务为后一个任务扫清障碍，为实现中国梦创造必要前提。怎样才能争得民族独立、人民解放？近代中国历史表明，首先必须进行反帝反封建的民主革命。只有通过革命赢得民族独立、人民解放，中国人民才有可能集中力量进行现代化建设，实现国家富强、人民幸福，从而使无数爱国志士和革命先驱为之献身的中华民族伟大复兴的梦想真正成为现实。为了拯救民族危亡，中国人民奋起反抗，仁人志士奔走呐喊，太平天国运动、戊戌变法、义和团运动、辛亥革命接连而起，各种救国方案轮番出台，但都以失败而告终。中国半殖民地半封建社会性质没有改变，中国人民和中华民族悲惨命运没有改变。

事实表明，不触动封建根基的自强运动和改良主义，旧式的农民战争，资产阶级革命派领导的革命，照搬西方资本主义的其他种种方案，都不能完成中华民族救亡图存的使命和反帝反封建的任务。要解决中国发展进步问题，迫切需要新的思想引领救亡运动，迫切需要新的组织凝聚革命力量。

从五四运动到中华人民共和国成立

五四运动后，中国仍然是半殖民地半封建社会，社会主要矛盾仍然是帝国主义和中华民族的矛盾、封建主义和人民大众的矛盾。要解决这些矛盾，中国人民必须继续进行反帝反封建的革命斗争。

19世纪末20世纪初，西方列强从自由资本主义阶段进入垄断资本主义阶段，即帝国主义阶段。在帝国主义时代，列强之间的激烈争夺引发了1914年至1918年的第一次世界大战，1917年11月7日俄国爆发的社会主义革命，开辟了人类历史的新纪元。十月革命一声炮响，给中国送来了马克思列宁主义。十月革命给世界人民解放事业开辟了广大的可能性和现实的道路。1919年3月，列宁领导的共产国际成立。它积极帮助包括中国在内的一些国家建立共产党。五四运动后的中国历史，尤其是中国共产党创建和发展的历史，就是在上述时代条件和国际环境下展开的，五四运动是中国新民主主义革命的伟大开端。五四运动后，中国人民的革命斗争进入新民主主义革命时期，中国工人阶级及其政党成为民主革命的领导力量。领导权的变化，是区分新旧民主主义革命的根本标志。1921年，在中国人民和中华民族的伟大觉醒中，在马克思列宁主义同中国工人运动的紧密结合中，中国共产党应运而生——中国诞生了共产党，深刻改变了近代以后中华民族发展的方向和进程，深刻改变了中国人民和中华民族的前途和命运，深刻改变了世界发展的趋势和格局。从此，中国人民就有了前进的主心骨，中国人民在精神上就由被动变为主动，中国革命的面貌就焕然一新。中国共产党一经诞生，就把为中国人民谋幸福、为中华民族谋复兴确立为自己的初心使命。从此，中国共产党团结带领中国人民进行的一切奋斗、一切牺牲、一切创造，归结起来就是一个主题：实现中华民族伟大复兴。

中华人民共和国成立以来的现代史，是全国各族人民在中国共产党领导下，经过艰辛探索、艰苦奋斗，为实现中华民族伟大复兴开辟新纪元的历史；是万众一心、奋发图强，与时俱进、开拓创新，探索、开创、坚持、捍卫、发展中国特色社会主义，进行经济建设、政治建设、文化建设、社会建设、生态文明建设并取得辉煌成就的历史。中华人民共和国的建立，宣告中国人民当家作主时代的到来，中华民族以崭新的姿态屹立于世界民族之林。

社会主义革命和建设时期

新中国成立初期，以毛泽东为主要代表的中国共产党人，团结带领全党全国各族人民，巩固党的执政地位，确立人民当家作主的国体和政体，捍卫新中国的独立和主权，实现祖国大陆的解放和统一，促进经济文化等各项事业恢复和发展，开始由新民主主义向社会主义过渡。

改革开放和社会主义现代化建设新时期

以 1978 年党的十一届二中全会为标志，中国进入改革开放和社会主义现代化建设新时期。为了实现中华民族伟大复兴，中国共产党团结带领中国人民，解放思想、锐意进取，创造了改革开放和社会主义现代化建设的伟大成就，实现新中国成立以来党的历史上具有深远意义的伟大转折，确立党在社会主义初级阶段的基本路线，坚定不移推进改革开放，战胜来自各方面的风险挑战，开创、坚持、捍卫、发展中国特色社会主义，实现了从高度集中的计划经济体制到充满活力的社会主义市场经济体制、从封闭半封闭到全方位开放的历史性转变，实现了从生产力相对落后的状况到经济总量跃居世界第二的历史性突破，实现了人民生活从温饱不足到总体小康、奔向全面小康的历史性跨越，推进了中华民族伟大复兴从站起来到富起来的伟大飞跃，为中国式现代化提供了充满新的活力体制保证和快速发展的物质条件。中国共产党和中国人民以英勇顽强的奋斗向世界庄严宣告，改革开放是决定当代中国前途命运的关键一招，中国特色社会主义道路是指引中国发展繁荣的正确道路，中国大踏步赶上了时代。

中国特色社会主义进入新时代

为了实现中华民族伟大复兴，中国共产党团结带领中国人民，自信自强、守正创新，统揽伟大斗争、伟大工程、伟大事业、伟大梦想，创造了新时代中国特色社会主义的伟大成就。党的十八大以来，中国特色社会主义进入新时代，我们坚持和加强党的全面领导，统筹推进"五位一体"总体布局、协调推进"四个全面"战略布局，坚持和完善中国特色社会主义制度、推进国家治理体系和治理能力现代化，坚持依规治党、形成比较完善的党内法规体系，战胜一系列重大风险挑战，实现第一个百年奋斗目标，明确实现第二个百年奋斗目标的战略安排，党和国家事业取得历史性成就、发生历史性变革，为实现中华民族伟大复兴提供了更为完善的制度保证、更为坚实的物质基础、更为主动的精神力量。中国共产党和中国人民以英勇顽强的奋斗向世界庄严宣告，中华民族迎来了从站起来、富起来到强起来的伟大飞跃，实现中华民族伟大复兴进入了不可逆转的历史进程！

中国特色社会主义新时代，是承前启后、继往开来、在新的历史条件下继续夺取中国特色社会主义伟大胜利的时代，是决胜全面建成小康社会、进而全面建设社会主义现代化强国的时代，是全国各族人民团结奋斗、不断创造美好生活、逐步实现全体人民共同富裕的时代，是全体中华儿女戮力同心、奋力实现中华民族伟大复兴中国梦的时代，是我国日益走近世界舞台中央、不断为人类作出更大贡献的时代。中国特色社会主义进入新时代，在中华人民共和国发展史上、中华民族发展史上具有重大意义，在世界社会主义发展史上、人类社会发展史上也具有重大意义。

三、高校历史教学提升大学生文化自信的路径

人类社会是在继承中发展的，一个国家和民族的社会历史在继承中发展，不仅仅是继承过去的物质基础，同时也包括继承其丰富的文化内涵。近年来，我国的文化软实力不断增强，国际地位不断上升。无论是"汉服热"还是"国潮风"，都完美展现了文化影响力，向世界展示了东方文化的魅力。高校历史教学可以紧密联系社会实际，利用大学生好奇的心理，达到培育大学生文化自信的目的。

（一）立足历史教材：挖掘文化教学资源

开发利用课程资源主要体现在两个方面：一是要最大限度地利用学校的

资源，二是要加强课外资源的开发。在高校历史教学文化自信培育的教学实践中，身为历史教师，要重视高校历史课程相关教育资源的开发，例如，教材课例、历史读物、档案资料等文化资源。除此之外，乡土资源、时事热点、外来文化资源的充分利用同样有助于增强学生的文化意识。

第一，适度拓展教材，重视历史教材资源的开发。学科教材是教育教学的重要资源，更是实现教育目标的主要载体，历史教材亦是如此。高校历史教科书不仅向学生传授着历史知识，并且具备思想文化教育的功效。教科书是一种重要的课程资源，它代表一定学科知识和教育思想。研读历史教科书，不难发现其中蕴含了丰富的文化教育资源。中国古代史涵盖了更多的传统文化教育资源，而中国近代史向我们展示的是抗争史进程中出现的红色革命文化和新中国成立后出现的社会主义先进文化。历史课本中选取以特色传统文化、红色革命文化和社会主义先进文化为主要内容的文化教育资源，不仅体现了对大学生文化意识培养的重视，也对历史教师提出了更高的要求：历史教师需要更加深入地审视课程，更加精心地准备，将培养文化意识的理念融入到教学实践中。

第二，理性审视教材，进行历史教材文化自信培育的教育资源整合。美国认知教育心理学家奥苏贝尔的认知同化论主张教师将知识系统地组织好再传授给学生。身为历史教师，在准备历史学习材料时应该慎重考虑，以一个完整的、有序列的、有组织的形式提供给学生，帮助学生实现有意义的接受学习。在有意义的学习中，学生利用认知结构中原有的观念，也就是利用储存在头脑中的概念、命题等旧知识去固定新学习的知识，新旧知识相互联系、相互作用，结果不仅将客体的新知识纳入主体认知结构中，而且通过吸收新知识，自身知识结构也得到改造或重新组织。所以，历史教师可以从实际出发，转变教育观念，充分整合、开发、利用现行历史教科书，不再拘泥于课本结构，把书本知识体系进行重组、归纳、梳理，有效挖掘出中华优秀传统文化、中国红色革命文化以及中国特色社会主义先进文化的教育资源。

中国古代史的内容中涉及传统文化比较多。炎帝和黄帝时期丰富的文明成果，让大学生认识和了解中华文明的根源所在，有效的强化学生的民族认同感；夏商周时期的青铜器与甲骨文等历史内容，使学生了解到中国古代劳动人民的智慧；春秋战国时期是中国古代社会重要的变革时期，教师需要引领大学生体会乱世时期古代历史英才的人格魅力，如春秋首霸齐桓公、问鼎中原楚庄王、主持变法商鞅等历史人物，运用大量杰出人物的光辉事迹来引导学生知荣辱、守诚信、敢创新，并且把这种人文情怀教育内化成学生真正的道德品质；春秋战国时期的百家争鸣有利于学生感受中国思想文化的灿烂，坚定文化自信心；秦汉时期是统一多民族国家的建立和巩固。秦汉时期异彩纷呈的历史不仅可以带领学生了解秦始皇和汉武帝的雄才大略、西楚霸王项羽与沛公刘邦楚汉之争的传奇，还有中央集权制和汉武帝大一统的政治文明；三国两晋南北朝时期，民族关系的演变可以让学生认识到民族的交往、交流与交融，丰富了中华民族的物质文明和精神文明，有利于学生树立维护祖国统一和民族团结的爱国意识，培养学生面对外来文化取其精华、去其糟粕的学习态度，树立高度的文化自信心。

在中国近代史内容中同样蕴含了大量的文化自信教学内容。从鸦片战争开始，面对外来侵略中国人民不屈不挠地反抗，林则徐虎门销烟、太平军反抗洋枪队都在提醒我们时刻谨记"落后就要挨打"；资产阶级民主革命和新民主主义革命，从辛亥革命的发展到新文化运动的热潮直至中国共产党的诞生，带领学生熟悉这些基本史实，从中深刻体会革命先烈的英勇无畏，坚定投身社会主义建设的信念；"井冈山精神"和红军长征精神需要学生继承和发扬，培养学生的爱国情感，树立民族自信；中华民族的抗日战争更是重中之重，需要学生深刻认识到抗日战争的胜利增强了中国人民的自尊心，促进了民族觉醒，增强学生爱国主义情感，树立文化自信心。

中华人民共和国成立以来的历史中同样蕴含着文化自信教育内容。如中国共产党的无私奉献精神和不屈不挠的斗争精神在新时期仍旧焕发强大的生命力。中华人民共和国的成立和巩固到中国特色社会主义道路的建设，都是我们中华优秀文明的精髓所在，可以体现出中华民族的聪明智慧、坚韧刚毅和极高的向心凝聚力。民族团结和祖国统一、国防建设与外交成就继续带领学生领会新时期中华制度文明的发展与创新："一国两制"的伟大决策与"和平共处五项原则"的提出这些光辉而富有智慧的思想光芒，有利于学生增强民族认同感和文化自信心。科技文化与社会生活的变迁，使学生熟悉"两弹一星"和杂交水稻的伟大发明，学习钱学森、邓稼先和袁隆平等科学家身上刻苦钻研、无私奉献的精神，通过对伟人的学习有助于培养学生的良好品德。历史教学担任着德育的职能，在高校历史教学中融入文化自信培育，涵养学生的家国情怀、树立民族自信，使学生成为一个真正拥有人文情怀的中国人。

（二）依托历史教师：增强文化情感体验

将文化自信的培育纳入高校历史教学，是历史教师需要学习的一项重要内容，因为学校是大学生生活和学习的主要场所，是传承中国传统文化、弘扬红色革命文化、发展社会主义先进文化的重要地方。高校历史教师需要不断发掘历史教学课程资源并且充分利用，培养大学生爱国主义精神和文化自信心，潜移默化地提升大学生人文素养，培养大学生的人文情怀。

第一，实施民主教学，加强情感熏陶。在高校历史课堂上，历史教师需要耐心倾听，以一个民主平等的态度与学生进行交流，让学生可以大胆地对他人观点进行评判或质疑，可以有效锻炼学生的历史思维能力。基于平等交流的基础，学生能够积极主动地参与到历史课堂教学的过程，发挥主观能动性，做学习的主人，增强历史体验感。在一个具有人文情怀的教学环境中，高校历史教育工作者实施民主教学，需要友好平等地对待每一位学生，激发每个学生的历史学习潜能，这样学生在接受历史文化教育的时候才可以达到事半功倍的效果，落实历史学科的德育功能，培育文化自信。

第二，巧设问题情境，提升思维力度。历史教师要懂得如何创设好问题，引导大学生独立思考。历史是能够强化人文素质和道德情操的重要学科之一，在基础教育教学中，高校历史教师应力求使历史教育让学生产生积极愉悦的情感体验，成为强化学生人文精神的途径。因此，在高校历史教学实践中，教师必须创新教学方法，学会运用以历史人物、历史现象、历史事件为背景的情境化教学方法，使学生在学习过程中不自觉地进行文化情感的内化。我们要知道，一个支持性的问题情境，对于培养大学生的文化情感能力是非常重要的。教育学上的认知学习理论提出，学生获得学习经验的过程是通过主动的进行内部学习加工然后形成新的认知结构。因此，作为历史教师，在课堂教学过程中提出的问题，必须以对学的理解和掌握为前提来进行思考和设计，根据学的目的、遵循学的规律才有可能发挥功效。在创设人文情境的时候，历史教师应该注意提问方式的选择，根据课程的内容向学生提出一个又一个与文化自信相关的问题，层层递进、循循善诱地引导学生进行文化思考。另外，教师不要直接给出标准化答案，更不要急于否定某些学生错误的观点，而是要一步一步纠正，通过启发和追问的有机结合，扎实学生的文化基础，这样的文化自信培育才能厚植学生心底，具有意义。

第三，增强教育机智，提升学习张力。教育机智是教师在教学实践中需要具备的重要能力。高校历史教学中的教育机智，通常指的是历史教师在课堂上面对学生发言，可以及时捕捉到学生在学习动态中的"思维火花"，然后根据实际作出引导，肯定学生的闪光点，促进学生良好思辨能力的形成。历史教师可以鼓励大学生发问，认真对待大学生提出的问题。根据教育学的原理，建构主义知识观认为，知识只是一种解释、一种假设，并不是最终答案，需要不断与时俱进、需要不断被质疑更新。因此身为历史教师，需要具备良好的教育机智，在高校课堂教学中带领学生去体会文化的魅力，提升学生的历史思维。如何在课堂教学中培养学生的思维，发展学生的思想，是教育教学的核心要素。没有高水平的思维参与和投入，知识学习就永远只能停留在符号知识（表层结构）的学习上，而不能深入到知识内涵（深层结构），获得知识的价值和意义，进而使知识和思维能力、思想境界获得发展和提升。这就需要历史教师在高校历史教学实践中重视学生精神世界的丰富性，强调学生的巨大潜能。作为历史教师，需要引领大学生敢于表达对权威的质疑，敢于进行文化反思。如果学生勇于表达对文化知识的认知冲突，教师需要认真对待，不仅要作出正确的引导，而且是培育文化自信的良好契机。

（三）开展历史实践：进行传统文化教育

长期以来，传统文化的地位一直在稳固提升。中华民族之所以能够延绵不息地传承和创造自己的文化，恰恰是因为那份久远的传统文化之根深植于每个中国人的内心。历史学科具有文化传承和精神塑造的功能，身为历史教师，需要明白历史需要与学生的实际生活相联系，注重学生的切身体验，在教学活动中渗入文化教育，提高学生的人文素养，培养学生的家国情怀。

第一，从学校出发，在坚持历史课堂教学的基础上，校园实践可以带给学生全新的历史体验。通过开展校园实践活动，历史教师可以充分让学生积极参与到收集资料、组织活动中来，帮助学生了解历史在日常生活中的意义。学校可以开展形式多样、内容丰富的综合实践，克服传统课堂时间和空间的限制，将课堂教学向课外活动延伸，开展生动活泼的课外活动。历史教师充分引导大学生在实践中发挥主观能动性，提高大学生个体的人文素养，这也是培养大学生文化创新能力的重要策略。除此之外，设计综合探究课程，能够为学生提供更多的文化活动参与机会，获得直接的文化体验。例如，中华人民共和国成立，课堂上历史教师可以通过播放红色影视作品带领学生融入历史，直观感受新中国成立的骄傲和振奋人心，然后在校园内组织学生进行新中国成立的"老照片"展示活动，让学生去搜集、展示、交流，有利于学生深入了解红色革命文化，在这个主动参与的过程中接受优秀文化的洗礼，树立正确的文化认识，培育文化自信心。

第二节　以"历史文化"增强大学生文化认同感

中华民族拥有五千年的文化历史，并为我们留下了丰富的历史文化资源，如唐诗、宋词、元曲、儒家思想、中医理论、历史遗迹等，这些历史文化组合在一起形成了中华优秀传统文化。

一、中华优秀传统文化

毛泽东曾指出："中国现时的新文化也是从古代的旧文化发展而来的，因此，我们必须尊重自己的历史，决不能割断历史。但是这种尊重，是给历史以一定的科学的地位，是尊重历史的辩证法的发展，而不是颂古非今，不是赞扬任何封建的毒素。"就中华文化的形成而言，具有独一无二的自创性，而且文化具有超强的包容性和超强的生命力。梁漱溟在《中国文化的命运》一书中指出："历史上与中国文化若后若先之古代文化，如埃及、巴比伦、印度、波斯、希腊等，或已夭折，或已转易，或失其独立自主之民族生命。唯中国能以其自创之文化绵永其独立之民族生命，至于今日岿然独存。从中国以往历史征之，其文化上同化他人之力最为伟大。对于外来文化，亦能包容吸收，而初不为其动摇变更。"

（一）传统文化的特质

文化是在一定自然条件和社会条件下产生的，就中华文化而言，地域上的高度稳定，决定了以农业为主的传统社会的形成。社会组织上的宗法制度，架构了体制，形成了与游牧民族及海洋民族完全不同的文化特质，如：无与伦比的生命延续力和非凡的包容精神。就生命延续力的成因看，刘靖云认为主要有以下几个方面：东亚大陆特殊地理环境提供了相对隔绝的状态；就包容精神而言，中华文化不抱残守缺，不故步自封。在宗教信仰方面也能包百家之说，文化具有非凡的融合力。这种融合与亲和在世界文化中是极其罕见的，对此，英国的历史学家汤因比曾说："中国在团结统一上具有无与伦比的经验。"美国历史学家费正清也曾说："虽然中国比欧洲土地都要广袤、地貌复杂，但却始终能维持一个政治统一体。这是因为将中国维系在一起的生活方式比西方的历史还要悠久。"

（二）传统文化的自强精神

每个时代总有属于自己的问题，准确地把握并解决它，就会把理论、思想和人类社会大大地向前推进一步。今天，中国的现代化已取得了令人瞩目的成果。这显然与近代以来的各种努力息息相关，而100多年前的辛亥革命将近代以来的努力推向了高潮，孙中山站在所处时代的最高点主动迎合世界现代化运动，提出了变革中国社会的现代化思想，孙中山的现代化模式打破了近代以来在外族侵略下的被动应对。孙中山晚年提出的各革命阶级联合执政共和国目标更是宣告中国现代化运动已摆脱了西方现代化模式的束缚，与近代以来中国的国情相对接。

孙中山的现代化模式的文化支撑力来源于传统文化中的自强精神，文化是具有民族性和传递性的。中华文化是有独特文化特质的，对于这种文化而言，继承和传递是必需的，它所体现的是对国家和民族的认同问题。于近代以来的中华民族而言，更需要传递文化中的优秀特质。一般地说，革命的社会冲力越大，主角的性格也就越复杂。孙中山的现代化理论超越了他之前新兴阶级、社会精英在现代化方面所作的所有努力，其现代化思想的集中表现是三民主义，其核心是"民生"，即"民生就是人民的生活——社会的生存、国民的生计、群众的生命便是"。为了解决这一问题，孙中山提出了"平均地权""节制资本"的方式，也就是"政府照地价收税和照地价收买，把以后涨高的地价归众人公有的办法"和"使私人资本制度不能操纵国民之生计"。这里孙中山把社会问题看作是解决中国现代化问题的关键。从社会变迁史的角度来看，这一立意无疑具有开拓性意义。

现代化作为不可逆转的时代潮流，现代化理论相应地是一个开放的体系。以毛泽东同志为主要代表的中国共产党人完成了孙中山未尽之事业，成功地实现了新民主主义向社会主义的过渡。改革开放以来邓小平为中国规划了一种中国式的现代化方式，他把中国现代化要实现的目标与途径结合起来，把资本主义的有利因素融入社会主义中，保证了中国现代化运动的蓬勃发展。作为一种全新的现代化运动，中国特色社会主义建设彰显的是在中国智慧下，中国发展过程中道路、制度、理论的先进性，同时也为更多想要发展的国家提供了中国经验。

中国现代化运动的成功绵延着中华传统文化的自强精神，是对世界现代化做出具有创新性的回应，反过来也是对民族文化的一种持续建构。

（三）传统文化的道德规范

近代以来，伴随西方思想的冲击和封建帝制的崩溃，在中国无论是传统习俗、流行风潮，还是政治情势都发生了巨大的改变，传统文化在遭遇刺激与努力回应中陷入了似是而非的边缘态势。从中国文化的发展来看，非常注重历史的延伸，强调个人在上下、前后关联中的作用，中国人在祭祀祖先的香火延续中传承观念，这些观念里有中国人独特的人生观和信仰。把个人作为一个生命体，站在文化的高度来考察，世代相传、香火延续的就是立德、立功和立言，即"从被社会承认、对社会作出贡献、对社会关注的问题做出自己的阐释，而得到超越个人生物体的生命"。这种个人一生中的立德、立功、立言并非完全属于个人，它会随着个人融入文化体系中，其中的精髓便成了民族精神的构成部分。同时，文化所具有的历史性还与文化的社会性紧密联系，这种社会性体现了人社会化的过程与接受先于人自身的文化体系相关，外围环境在不间断的影响着文化体系，当文化体系里的内容与外界的变化不能对接时，必然会出现新的东西，但这种出现可以是创造，也可能是被动的应急反应。于中国文化而言，近代以来反应居先，但因受文化历史性因素中意识形态的影响，反应显得局促而慌乱。这是因为，以儒家意识形态为核心文化的道德规范非常顽强地发挥着作用。正如高华的研究所指出的："经过千余年的儒化，这套由科举制为外在体现的儒家意识形态已完全内化于中国人的心理深层，从而成为回应外部世界挑战的巨大的心理障碍。这样，在与外部世界交往时，中国就很难随形势而变化政策，而处处显得迟钝与僵硬。"

尽管如此，传统文化道德规范中包含的精神还是为中华民族民族精神的铸成奠定了基础，如文化道德中的刚健有为、和与中、崇德、天人协调等，这些特点规制了一个民族的思维方式和行为方式，并体现了民族的理想信念和性格特征，形成了民族伦理观念。道德规范或者伦理观念表现在政治领域则会成为政治现象，其中的精华为国家治理提供了文化内涵。

二、中华传统文化与大学生文化认同感

文化认同感是一种自发性的民族心理活动，是一个民族在历史发展长河中对自身文化产生敬畏感的凝聚。文化认同感是国家能够持续稳步发展的重要基础，而中华传统文化则是文化认同感的主要来源，二者相互依存，相互影响，共同创造辉煌的中华民族文化价值观。

（一）中华传统文化可以促进文化认同感的持续发展

文化认同感的主要来源是中华儿女对中华传统文化的认同感。在世界历史更迭的过程中，曾经出现过二十六种截然不同的文化形态，持续至今的文化形态仅剩八种，其中七种文化均曾掺入其他文化的杂质或短暂性地被其他文化所侵占，只有中华传统文化一直处于持续发展和不断完善的过程中。历史的长河可以充分证明中华传统文化的顽强生命力，中华传统文化能够经得住时间和观念的严酷考验，并在时代发展的历程中不断改革创新，与新时代的特征相融合。正由于中华传统文化这种蓬勃发展的生命力，可以为我国的文化认同感源源不断注入新鲜的血液，从根本上促进文化认同感的持续发展。

（二）中华传统文化是文化认同感持续增强的必要因素

文化认同感是国家和民族的灵魂，没有高度的文化认同感意识，便没有文化的繁荣兴盛发展。提升民族文化认同感已经成为我国的重点文化政策内容。人民艺术家王蒙曾经指出，"熔铸于党领导人民在革命、建设、改革中创造的革命文化

和社会主义先进文化，实际上也阐明了革命文化和社会主义先进文化与传统文化的关系，它们是一脉相承的。"任何形式的文化认同感均建立在传统文化的基础上，因为国家的发展不是一蹴而就的，是在不断对传统文化的批评和再吸收过程中逐步改进发展的。若要增强民族文化认同感，必须先传承发扬中国的传统文化。

（三）中华传统文化是文化软实力的重点体现

在现代社会，国家实力不仅体现在军事、经济和政治等硬性方面，也表现在文化价值、文化意识等软实力方面。传统文化不会直接推进国家的发展进程，但可以直接影响国家硬实力的发展，属于国家综合实力中的核心实力。中华民族传统文化强调了文化认同感的重要性，与现阶段我国文化事业的发展理念保持步调一致性。中国逐步增强的综合国力也用实践证明了文化软实力这一因素对于一个民族发展的重要性。传统文化并不意味着要恪守旧规，而是在发展的过程中批判性地改进与吸收，弘扬传统文化的时代价值，增强文化认同感。

三、高校历史教学中传统文化内容的教育价值

在第二章第一节中已经对中国古代史中所蕴含的中华传统文化进行了全面阐述，为此便不再赘述。此部分内容以中华传统文化中的儒家文化为例，对其在高校历史教学中的价值进行深入分析。

（一）儒家原典具有史料价值，能够传递历史信息

历史学科教学是建立在对历史事件正确把握和认知的基础上的教学实践。故而鉴于历史学科的特殊性，在历史事实不可能再现的情况下，浩如烟海的史料便成为了解历史事实的重要手段之一。因此在本书中，作者认为对儒家原典的认知就成为了解和诠释儒家文化的重要手段。在中国历史长河中，

儒家思想始终贯穿于中国古代史，在历朝历代都备受重视。西汉初期的名儒陆贾曾作《新语》十二篇，其中讨论了"夫谋事不并仁义者后必败，殖不固本而立高基者后必崩。故圣人防乱以经艺，工正曲以准绳。德盛者威广，力盛者骄众。齐桓公尚德以霸，秦二世尚刑而亡。"①"夫欲富国强威，辟地服远者，必得之于民；欲建功兴誉，垂名烈，流荣华者，必取之于身。故据万乘之国，持百姓之命，苞山泽之饶，主士众之力，而功不存乎身，名不显于世者，乃统理之非也。"②，提出了法先圣以及行仁义的重要性，开始证明儒家学说成为意识形态的合理依据。到董仲舒时期，儒家思想更成为统治者统治天下的有效工具。这是因为，儒家思想中的天道观念、纲常伦理观念以及大一统观念等恰好提供了自然经济条件和血缘宗法制度背景下的专制主张，故而被一代代的封建王朝统治者所利用。自汉代以后终成为官方正统思想，所以儒家原典包含着政治、经济、思想以及社会等诸多方面的历史信息。例如，夏商制度与西周封建方面教学内容中提到的《荀子·儒效篇》中记载："（周公）兼制天下，立七十一国，姬姓独居五十三人。"③描绘出周公治理天下时，分封了七十一个国家，其中姬姓的有五十三人，反映了周朝分封制的情况。又如中国古代的土地制度中在讲述井田制时，补充了《孟子·滕文公上》"方里而井，井九百亩，其中为公田。八家皆私百亩，同养公田，公事毕，然后敢治私事。"④即一方里为一井，一井有九百亩，它的中间是公田一百亩，周围的八家是私田各一百亩，周围的八家共同耕作公田，等待公田耕作完毕后，

---

① ［汉］陆贾著，王利器撰.新语校注 卷上 道基第一［M］.北京：中华书局，新编诸子集成本，1986.

② ［汉］陆贾著，王利器撰.新语校注 卷上 道基第一［M］.北京：中华书局，新编诸子集成本，1986.

③ 王先谦著.荀子集解［M］.北京：商务印书馆.

④ ［汉］赵岐注［宋］孙奭疏.孟子注疏［M］.上海：上海古籍出版社.1990.

方能够耕作私田，阐述井田制集体耕作、先公后私的生产方式。

正确地使用史料能够从正面或者侧面更真实、更准确地描绘出历史事实。儒家原典作为了解儒家文化的第一手资料，是研究儒学必不可少的史料，同时也是了解古代政治、经济以及文化的辅助资源，它能够传递丰富的历史信息，成为历史教学工作中不可或缺的重要参考之一。因此，史料同教学相结合的史料教学法更是历史教学所不可或缺的，在教学实践中教师应该对教材中的儒学原典内容加以重视，正确了解和把握，合理的利用，以期帮助学生更好地理解所学知识，对中国历史以及传统文化有一个正确的认识，从而为提升学生文化认同感奠定基础。

（二）助于学生正确世界观、人生观以及价值观的形成

培养健康的情感和高尚的情操，弘扬民族精神，进一步提高人文素养，形成正确的世界观、人生观和价值观是高校历史课程标准对历史课程教学的要求之一。大学时期作为青少年心理发展的重要阶段，这一时期由于学生对自我同一性的追求，会努力发现或者证明自己的人格，因此在这一时期培养学生正确的世界观、人生观以及价值观则显得尤为重要。在高校历史教学中，传统文化中以"仁"为核心的儒家文化，其主张的"仁义礼智信，温良恭俭让"能够为学生提供一个参考，帮助学生形成正确世界观、人生观以及价值观。故而，教师在教授有关传统文化的内容时，应适当帮助学生理解儒家文化，进而发挥儒家文化的道德教育功效。

在大学阶段，学生的可塑性较强，教育是心理道德发展的决定性因素之一。所谓"教育"的目的在于育人，而"历史教育"的目的在于"求善"，将学生培养为具有较高道德自觉性的人应是历史教育的目标之一。而儒家文化中"仁义礼智信，温良恭俭让"仍具有现实价值。以"仁"为核心的儒家思想，其苦乐观、幸福观以及荣辱观等都以仁义作为其价值判断的标准。"仁"作为一种内在的道德情感，要求以仁爱之心对待一切人。"义"则是一种内在的道德观念，朱熹在《四书章句集注》中解释道"义者，心之制，事之宜也"。孔子也曾说："君子之于天下也，无适也，无莫也，义之与比"。[①] 因此，凡符合"仁义"则为善，然则反之。在"仁义"这一统一价值标准下，又有以下具体的表现。例如在《孝经》中提出的"天地之性，人为贵。人之行，莫大于孝。"[②] 体现了中华民族的传统美德孝道；《尚书·周官》中在周王安抚万邦，巡视侯服与甸服时，训示百官时说"以公灭私，民其允怀"[③]。而"以公灭私"即以公心灭人之私欲，展现了集体主义价值观；《论语·里仁》"君子喻于义，小人喻于利"[④] 表现出君子先义后利的义利观；《论语·述而》中孔子说"饭疏食饮水，曲肱而枕之，乐意在其中矣。不义而富且贵，於我如浮云。"[⑤] 体现了孔子安贫乐道的苦乐观。《论语·公治长》中"敏而好学，不耻下问"描述了谦虚下问的道德品质；《论语·颜回》"己之不欲，勿施于人"为学生提供了人与人之间相处的基本准则。除此之外，"杀生成仁"的牺牲精神、"以信接人"的诚信精神、"相敬如宾"的夫妻关系准则等都是儒家文化所展现出的精髓。因此，中华民族的许多传统美德都能够在儒家文化中找到本源，作为历史教育者更是不能够忽略这一重要教学资源。教师应该善于利用儒家文化所遗留的巨大精神财富，在教学实践中通过适当的引导，帮助学生在掌握历史事件的基础上形成正确的世界观、人生观以及价值观。

---

① ［三国］何晏注；［宋］邢昺疏著.论语注疏［M］.北京：中国致公出版社.2016.

② ［唐］唐玄宗注；［宋］邢昺疏.孝经注疏［M］.1644.

③ ［汉］孔安国传，［唐］孔颖达等正义.尚书正义［M］.上海：上海古籍出版社.1990.

④ ［三国］何晏注；［宋］邢昺疏著.论语注疏［M］.北京：中国致公出版社.2016.

⑤ ［三国］何晏注；［宋］邢昺疏著.论语注疏［M］.北京：中国致公出版社.2016.

（三）儒家教育思想对实际教育工作的借鉴意义

儒家历来重视教化，对德育尤为重视。孔子作为大教育家，提倡"有教无类"，他通过创办学堂打破了学在官府的局面，将教育对象由王公贵族扩展到平民百姓。孔子通过其不懈的努力在实践中发展出一套完整的教育理论和教育方法，在现代社会仍有借鉴意义。

首先，最为人熟知的是因材施教，《论语》中记载了孔子根据冉有和子路不一样的性格开展不同的教育手法。这要求教师了解每个学生，把握学生特点，根据其特点开展教育工作。现阶段，高校教育实行班级授课，每个班级人数大约50人，人数较多，教师要在短期内熟知学生较难，这往往需要经验的积累，所以教师应在课堂上多与学生互动，课余时间多和学生沟通，尽可能充分地了解学生，以期能够更好地培养学生。其次是身教法，即要以身作则，影响学生。《论语·颜渊》中季康子问政于孔子，孔子对曰"政者，正也。子帅以正，孰敢不正！"[1] 教师应该为学生树立榜样，从教师自身做起，用实践来告诉学生正误。再次是启发式教育。《论语·述而》中提到"不愤不启，不悱不发，举一隅不以三隅反，则不复也"[2]，这句话阐述的是诲人之法，郑玄注曰"必待其人心愤愤，口悱悱，乃后启发而说之"[3]，意思是一定要等到学生苦思冥想后想不出来，想要表达却不能够明确表达的时候，略举一隅以说之，这样才能使学生深度思考。而新课改后，以学生为主体，教师为主导的课堂为启发式教育营造了良好的教学环境。有鉴于此，需要教师在课堂上根据学生的逻辑思维习惯，引导学生独立思考，培养学生的问题解决意识，激发学生学习的内在动力。

---

① ［三国］何晏注；［宋］邢昺疏著.论语注疏［M］.北京：中国致公出版社.2016.

② ［三国］何晏注；［宋］邢昺疏著.论语注疏［M］.北京：中国致公出版社.2016.

③ ［三国］何晏注；［宋］邢昺疏著.论语注疏［M］.北京：中国致公出版社.2016.

总之，教师应该在平时善于积累，善于利用前人所遗留的宝贵财富，让课堂更加灵活与充实，以便于更好地激发学生的学习兴趣。

四、"传统文化"教学增强大学生文化认同感的路径

（一）历史遗迹

历史文化遗产是我们祖先智慧的结晶，它直观地反映了人类社会发展的这一重要过程。我国历史文化遗产蕴含着中华民族特有的精神价值，是全人类文明的瑰宝。在山东省就有很多历史遗迹，以山东曲阜的"三孔"为例，"三孔"是曲阜孔府、孔庙、孔林的统称，是中国历代纪念孔子，推崇儒学的表征。孔子是中国儒家学派的创始人，被联合国教科文组织评为世界十大文化名人之首。在中国两千多年的历史文化长河中，儒家文化逐渐成为中国的正统文化，并影响了世界，成为中国文化的源头和基石。"三孔"蕴含了丰富的文化资源，在进行历史教学中，当见到孔子的文化思想时，可以带领学生参观"三孔"，使学生身临其境，结合课上所学内容，去感悟孔子的"仁者爱人"和"克己复礼"，去学习孔子的政治主张和教育主张，使学生印象深刻。这样学生不仅掌握了孔子的思想，而且会联系实际进行深刻的思考，去思考为什么这些思想会对中国乃至世界产生深远影响，其中蕴含了怎样的传统文化的精髓，在思考中增强文化认同感。

（二）教学方法

大学生文化认同是建立在其对中华文化有一定的认识和了解基础上的，高校历史教学培养学生文化认同，首先就要加强其对中华文化的认识和了解。在此基础上，进一步引导学生认识中华文化在中华民族发展历程中所发挥的重大

作用，深刻理解中华文化是指导中华民族不断披荆斩棘的重要精神力量，最终形成稳定的文化认同。

如何在有限的教学时间内，引导学生对中华文化形成一定的认识和了解，并在此基础上进一步认识中华文化在中华民族发展历程中所发挥的重大作用。这就涉及到教学方法的选择和运用了。教学方法，即为了达到教学目标而组织和引导学生进行学习所采用的方式、手段，包括教师的教授方法和学生的学习方法。

值得注意的是，自新课程改革实施以来，许多教师对新课改所提倡的"以学生为主"的教育理念理解上存在偏差，以为"以学生为主"便是将课堂整个的交给学生，而忽视了教师在学生学习过程中所能够发挥的重要作用。从教学理论上来讲，教师、学生和教材三者在教学中的地位及三者的关系问题是教学中一个最基本的问题。无论从哪个角度来看，教师都是一个完整的教学活动中所不可或缺的，尤其是在高校历史教学培养学生文化认同的过程中。进入青春期的大学生，在许多方面逐渐出现成人化的特征，思维已经具有了一定独立性，感性思维已发展成熟，理性思维虽有一定发展但远未成熟，仍然存在看问题比较极端和片面、表面等问题，需要成年人必要的引导和帮助。

因此，高校历史教学培养学生文化认同的过程中，必须以教师为主导者，充分发挥教师在学生文化认同形成过程中的重大作用，使教师在合理运用各种教学方法的基础上，在潜移默化中增强学生文化认同。

在高校历史教学中可以采取联系教学法与对比教学法。部分学者将经济、政治、文化分别喻为人的骨骼、血肉以及灵魂。这说明政治、经济和文化这三方面是不可分割、相辅相成的。儒家文化本身所涵盖的内容就涉及此三方面，采取联系教学法能够让学生对儒家文化产生系统的了解。例如在讲述明清之际黄宗羲、顾炎武以及王夫之的思想时，就应该了解明清的社会背

景。政治上，明末各地农民起义高涨，冲击着封建政权的统治；经济上，此时资本主义萌芽有了一定的发展；文化上，西方传教士带来了自然科学领域内的许多知识。综合以上的背景知识，才能更深刻地了解明末清初三大思想家具有的朴素唯物主义和民主启蒙思想。而对比教学法也同样适用于儒家文化内容的教学工作。将儒家学派不同时期代表人物主要观点进行对比，能够使学生了解不同时期儒学的特点，了解儒学发展的历程，把握其发展方向、规律，例如对比孔子、孟子、荀子，则可发现关于"仁"的学说由"爱人"到"仁政"到"仁义"的过程，民本的思想由"为政以德"到"民贵君轻"到"君舟民水"的过程。这是"仁"和"民本"思想不断发展的结果。将同一时期儒家学者的观点与其他学派的观点进行对比，能够让学生发现儒家文化的侧重点，例如对比儒家和法家的思想，可知儒家重视"仁""礼"，而法家反对礼制，重视"法"。将儒家文化同西方文化相比较，即中西比较，可以了解孔子与苏格拉底、柏拉图的思想差异，了解大河文明与海洋文明的差异。这种纵向比较和横向比较相结合的方式，能够锻炼学生学习迁移能力以及分析归纳的能力，最终使历史知识融会贯通的同时，也有利于学生历史思维的形成。在使用对比教学法时，离不开各个时期的儒学大师，他们是儒家文化的重要组成部分。在讲述各个儒学大师时，可以以事带人，即将历史人物放到历史事件中加以讲解，亦可以以人带事，讲述其一生的贡献等。例如通过孟子"五十步笑百步"的故事可以让学生了解孟子反战，主张施"仁政"，也可以以孟子为中心，讲述其一生主要的事迹、贡献以及有关史实，了解其思想精髓等。但是无论是采用以事带人，还是以人带事的教学方法，在讲述人物时都需要与史实相结合，完整展现人物的积极面与消极面，不能够根据教师个人主观意愿对积极或者消极面加以隐藏，做到客观的评价历史人物，这也是史学精神所在。除此之外，图表示意法也是历史教学中常用的方法之一。

所谓图表示意法，简称图示法，就是用简单的文字、字母、数字、表格、符号等表示历史事实或历史概念，用来进行教学的一种方法。儒家文化历时久，在每一个历史发展阶段，都有不同的代表人物以及其不同的表现形式。图示法能够按照时间顺序，简单扼要的展现儒学发展不同阶段的代表学者以及其主要观点，构建儒学知识体系框架，了解其先后传承关系。若与对比教学法、联系教学法配合使用，能够让学生通过图示对比，更直观地了解各个知识点的内在联系，提高学生对知识点的记忆力。

此外，讲述法、讨论教学法以及谈话法等也可以成为讲授儒家内容的方法。教师可以根据教学目标以及重点，在符合学生认知水平的基础上，选择适当的一种或几种教学方法讲授，深入浅出，以便更好地完成教学任务，达成教学目标，增强学生的文化认同。

第三节 以"革命历史"开展大学生爱国主义教育

面对当下时代，我们必须坚定爱国主义，坚持爱国主义教育。新时代爱国主义教育既要顺应时代特色，又要坚守核心思想。爱国主义是中华民族生生不息、巍然屹立于世界民族之林的强大精神动力。中华民族凭借自己独特的爱国主义精神和传统，培育了无数的爱国志士、民族英雄，团结和激励了一代又一代的中华儿女战胜了一次又一次的艰难险阻，创造了光辉灿烂的中华文明。在新时代，奋力开启全面建设社会主义现代化国家的新征程，奋力夺取中国特色社会主义新胜利，必须坚定不移高举爱国主义伟大旗帜。

一、爱国主义概述

（一）爱国主义的内涵

爱国主义的内涵可以从历史性、阶级性、具体性等三个方面来具体把握。

首先，在历史性方面。爱国主义也具有历史性，在不同历史阶段、不同时代，爱国主义的表现并不完全一致。受经济、政治、文化发展阶段和人民整体的认识水平限制，在不同历史时期，爱国主义也表现出不同的内涵思想。马克思、恩格斯也曾对爱国主义在不同历史条件下的表现做过相关论述，恩格斯认为爱国主义是指当一个民族在受到外来压迫时爆发出的全部反抗力量、抗争心血。列宁则从苏维埃政权的实际经验出发，认为解决革命过程中的种种矛盾、各类问题就是爱国主义的内容。毛泽东则从中国革命的角度对爱国主义做出了更具体的表述：为全民族解放而斗争，为取得无产阶级和全体劳动人民的解放而斗争。邓小平则从中国建设的角度对爱国主义进行了更加精辟和变通的诠释：祖国不是抽象的，爱国主义也不是抽象的，爱国就是爱中国的土地、爱中国的历史，爱社会主义、爱中国共产党、爱中国特色社会主义制度。其次，在阶级性方面。爱国主义要求人们从思想情感到意志行为都统一于社会集体意识形态，与我国当前的思想与政治上层建筑密切相连。爱国主义虽然是从爱国土、爱历史、爱文化、爱人民等具体的朴素情感之中萌发的，但要想让爱国主义真正具有凝聚力和力量感，还必须要经过民族意识的洗礼和国家意志的统率，人民只有团结在国家的领导之下，才具备更强大的力量，才能够推动中国向前发展。最后，在具体性方面。爱国主义从不是抽象的，爱国主义无论是爱的对象，还是爱的方式，或者爱的表达，都是具体的。爱国主义中的"国"是祖国，包含着民族、历史、文化、土地、疆域与矿藏、生态与风景、制度与法律、物质财富和精神财富等等。祖国是我国每个人赖以生存的外在环境，是生而为"我"的根基所在。爱国主义是我们每个人在日常工作生活中自然而然流露出的自豪感、归属感，是对祖国的维护与热爱。新时代的爱国主义就是对"国"的热爱知行统一。

（二）爱国主义是深沉的天然情感

爱国主义首先是人们对自己生于斯长于斯的祖国一种热烈的爱，而爱则是一种内心的情感或感情。对于个体而言，国家通常是"生而入其中，死而出其外"，个人与国家的联系带有一定程度的先定性，国家是每个人生活经验、社会关系、价值观念与文化修养形成的空间场域。个人生长于国家，个人的生存发展依赖着国家；国家塑造着个人，国家民族的精神价值融化在个人的血液里。个人的前途命运和国家的兴衰荣辱息息相关、相辅相成，因此，爱国就是人自然情感的直接流露，是对安放自身之共同体的天然之爱，是不证自明的。但是，感情有初级与高级或者本能与理性之分，初级的感情往往同本能、原欲相关，是自然而然的产物，具有直观性、形象性和具体性；高级的感情则是高度社会化的、理性化的，具有较高的意识性、概括性和抽象性。爱国主义作为一种感情，有其低级形态的感性表达，也有其高级形态的理性呈现。中华民族是富于爱国传统、善于理性思维的伟大民族。我们的爱国主义不仅是简单的情感表达，还是一种深沉的理性意识，它既包括一种感性化的热爱山川风物、人民同胞、历史文化、国家政权，也强调一种理性化认同，即位于思想深处的忧患意识、忠诚意识、使命意识和献身意识，以及由此彰显的民族自尊心、自信心和自豪感。爱国主义是天然情感的理性升华，也意味着爱国主义教育首先是一种情感教育，要重视爱国情感的培育和激发，要关注爱国情感的安顿和抒发，还要珍视爱国情感的涵育和葆有，让天然情感的爱国主义理性升华为强大的精神正能量。

二、历史教学与爱国主义教育

（一）历史教学是爱国主义教育的载体

历史课程从不同的角度提示人类历史发展的基本过程，通过重大历史事件、人物、现象展现人类进程中丰富的历史文化遗产。通过历史课程的学习，能使学生了解人类社会发展的基本脉络，总结历史经验教训，继承优秀的文化遗产，弘扬民族精神；学会用马克思主义的历史观分析问题，解决问题；学习从历史的角度去了解和思考人与人，人与社会，人与自然的关系，进而关注中华民族以及全人类的历史命运。

学校开设历史课程是为了学生在接受历史教育的过程中了解自己的国家在发展过程中所经历的苦难和成就的辉煌，让学生能够在从前的苦难中学到坚忍，也能够从过去的辉煌中感受到骄傲与自豪。进行爱国主义教育的最好内容就是历史知识的传授，所以对学生来讲，进行爱国主义教育最主要的途径就是历史教育。一个国家的历史本身就是一本厚重的教科书，一个民族发展的历史必定是有弯路和康庄大道，读史使人明智，就是要我们从历史的弯路中汲取教训、吸取精华、去除糟粕，为以后的发展少走弯路打下基础。一名历史教师，不仅仅只是传授历史基础知识，更重要的是在知识的传授过程中教会学生如何做人做事，也就是达到教书育人的目的。历史这门学科就是爱国主义教育一个最为关键的载体，这也是历史学科有别于其他学科的一个重点。所以讲史必须先讲爱国，爱国也必须先了解国家历史。对国家历史文化和价值的认同是爱国主义的核心，但是培养对国家历史文化和价值的认同感，让大家在认知上形成共识就得借助历史教育。一般来说，我们认为一个人的人生观、社会观和价值观的形成是在他的大学时期，所以在高校阶段的历史教育中灌输爱国主义教育是非常重要的，也是相当关键的，是影响他一生认知的重要阶段。

（二）历史教学的爱国主义教育的功能

1. 爱国主义教育是振兴中华的伟大力量

用不同的方法从各个方面对人们进行爱国主义教育能够将爱国主义贯彻的更为彻底，通过历史对人们进行爱国主义教育是时代的要求，是历史学科责无旁贷的任务。无论是正在学习的学生还是已经步入社会的各类人群，对历史知识学习的要求是迫切的。在历史上，我们就有梁启超和章太炎对历史之于爱国主义教育的作用予以充分肯定，还有郭沫若和范文澜等史学家，他们研究历史的动力并因此取得的成果与爱国主义情怀是分不开的。在现今的教育中进行爱国主义教育，是对这种传统的继承和发扬。

中国历史上重大的历史事件，重要的历史人物以及重点的文物古迹，都能够丰富学生的爱国主义思想和激发他们的爱国主义热情。通过历史对中国人民进行爱国主义教育，能够组成有共同信念的爱国主义群体，团结一切可以团结的力量，是振兴中华的伟大力量。

2. 中国历史是进行爱国主义教育鲜活的教材

在中国悠久的文明历史上产生和发展起来的爱国主义对中华民族的发展产生了巨大的影响，是推动人类历史的强大力量。中国历史是进行爱国主义教育很好的教材，在高校历史教学中对学生进行爱国主义教育有着很重大的意义。

（1）警示教育

鸦片战争是中国近代史的开端，这是一段被帝国主义列强侵略的历史，是一段屈辱的历史，许多爱国志士为了振兴中华，为了中国主权独立而开始艰难的探索。先有地主阶级掀起的洋务运动，提出"师夷长技以制夷"的口号，再有资产阶级维新派的君主立宪制的戊戌变法，然后是资产阶级领导的辛亥革命，提出民主共和。虽然这些运动都是以失败告终，但是它们却为后人指明了方向和积累了群众力量和理论基础。最终在中国共产党的领导下成立了人民当家作主的新中国。在中国共产党的领导下，中国人民依靠自己的力量取得了许多令人瞩目的成就。我们要牢记这段历史，它带给我们的不仅仅是屈辱，更是一种百折不挠的精神，教育学生要不怕艰难，要勇于奋斗与拼搏，把中国建设的更好是每个中国人的责任。

（2）激发学生的爱国主义热情

在中国历史上有许多为了中国强大而不惜献出自己生命的英雄，也有许多无产阶级革命家为了人民解放和祖国富强而奉献一生。他们的高尚品德与顽强意志以及坚韧的性格是学生学习的榜样，这些精神不仅要继承，更要发扬光大，它们是激发学生爱国之情的源泉，是动力。

（三）革命历史教学与大学生爱国主义教育

1. 革命文化的特点与价值

（1）革命文化的特点

第一，科学性。革命文化最根本的特点就是科学性。中国革命文化的理论基础与指导思想是马克思主义，这是同世界各国以及中国历史以来的革命文化最显著的区别。革命文化是马克思主义指导中国革命的生动体现。无论是封建社会的农民起义还是资产阶级领导的旧民主主义革命都未能从根本上改变中国落后挨打的局面，但自从把马克思主义作为指导革命的基本理论后，中国革命才有了质的飞跃。这是因为，中国革命是在马克思主义的指导下取得成功的。马克思主义为中国革命文化的生成提供了科学的理论指导和先进的价值目标，成为中国革命胜利的法宝。

第二，政治性。所有的文化都具有其特定的政治蕴意，文化从来脱离不开政治，脱离政治的文化是不存在的。鲜明的政治性是革命文化最显著的特征，是其所在立场的集中表现。无产阶级革命文化是中国共产党基于广大人民群众所创造的，而中国共产党始终站在广大人民群众的政治立场上，所以无产阶级革命文化也始终以这一立场为根本。在革命与战争时期，中国共产党为了中华民族的利益，为了全中国人民的未来，同各种企图危害中国人民利益的势力进行了顽强的斗争。正是他们的努力斗争，让中国走出了危患之境，促使中国革命最终胜利。

第三，人民性。一方面，革命文化是由广大人民群众所创造的。人民在创造革命文化的同时，也在不断传播、弘扬革命文化。"民众就是革命文化的无限丰富的源泉。"革命文化来源于人民，是民众在革命实践中创造出来的文化产品，它扎根于民众的文化实践，离开了民众的实践，革命文化就不能产生。另一方面，革命文化服务于人民群众，代表了最广大人民群众的根本利益。革命文化之所以伟大，正是在于始终坚持站在为人民谋幸福、谋利益的阶级立场。在人民性立场的指引下，党高度重视人民的利益，始终回应民众的利益诉求，始终同民众的思想意识和价值观念高度契合。

（2）革命文化的时代价值

第一，革命文化是坚定文化自信的重要源泉。在文化历史坐标中，革命文化具有重要的地位，其具有的卓越精神内涵、创新的实践形式，在不断的弘扬、推陈出新中，引导中国文化实现现代化转型。革命文化作为中华文化的构成部分，不仅继承了传统文化的优秀基因，还孕育了社会主义先进文化，其独特的内涵和鲜明的特点，既是坚定文化自信的重要支撑，彰显文化自信的重要素材，也是强化核心价值观、提升文化实力的重要源泉。我们要充分发挥革命文化在民族文化繁荣发展方面的重要作用，强化革命文化自信，进而在根本上坚定文化自信。

第二，革命文化是培育社会主义核心价值观的活力源泉。国家及民族的核心价值观是其文化的中心所在。社会主义核心价值观作为人民群众凝聚社会共识的最大公约数，具有强大的引导力和感召力。随着各种社会思潮的甚嚣尘上，一定程度上冲击了人们对主流价值观的认同。面对这样的局势，只有凭借社会主义核心价值观，人们才能戮力同心、砥砺前行，为推进国家发展而不懈奋斗。而在长期艰苦卓绝的革命实践中孕育的革命文化，将实现国家昌盛和民族独立自主作为其奋斗的最终目标，同社会主义核心价值观的目标高度契合，并且革命文化所内涵的价值观念和精神理念为培育社会主义核心价值观提供文化滋养。

第三，革命文化是实现中华民族伟大复兴的精神动力。文化繁荣发展是推进国家富强、民族振兴的前提条件。是否具有高度的文化自信，关系到中国梦这一奋斗目标的实现。"实现中国梦就必须坚持中国道路、弘扬中国精神、凝聚中国力量。"革命文化内涵的优质基因与精神实质是实现中国梦的精神力量，是推进中国特色社会主义建设的强大精神支撑。要培育高度的革命文化自信，以其坚定的理想信念、明确的政治立场、顽强的革命精神、崇高的道德观念、深厚的群众基础，弘扬中国精神，激发中国力量，为实现民族复兴提供雄厚的精神动力。

第四，革命文化是维护国家文化安全的有力武器。我们党历来高度重视意识形态工作。从党的历史看，意识形态工作具有非常重要的作用，关系革命事业的成败，关系建设和改革事业的兴衰。革命文化蕴含的价值观念以及精神实质，能够促进人们形成正确的价值观，帮助人们厘清错误认知，自发抵御不良意识形态的侵袭，从而最终维护国家文化安全。

2. 革命历史文化教学对大学生爱国主义的作用

（1）有助于大学生坚定理想信念

理想信念是支撑一个国家和民族的希望，新时代大学生只有将个人理想和国家、民族理想紧密相连，才能创造出精彩人生。红色文化是党和人民在中国共产党成立后，为应对各种风险挑战，坚定共产主义伟大理想信念，克服重重困难和险阻后形成的中国特色社会主义先进文化。新时代，需要大学生用红色文化不断激励和鼓舞自身，构建个人职业生涯规划，在践行中华民族伟大复兴的中国梦过程中实现人生价值和人生理想。

展望未来，大学生更需要继承革命先辈艰苦卓绝的斗争精神，在肩负承前启后、继往开来的历史使命过程中，用红色文化和榜样人物激励自我，始终坚定理想信念。新时代，对红色文化的认同、学习与传承，有利于大学生深刻认识到理想信念的重要性，认识到中国特色社会主义道路、理论、制度、文化的强大生命力；有利于促进大学生在实现社会主义现代化的伟大征程中自觉做到中国梦和个人梦的有机统一。

（2）有助于大学生培养民族精神

红色文化继承和发展了以爱国主义为核心的民族精神，具有凝聚民族力量、激发民族斗志、展示民族情怀的强大精神动力。因此，加强大学生对红色文化的思想认同和传承发展，有利于培养其生生不息的民族精神。在高校文化育人的过程中，只有坚持营造红色文化育人氛围，用红色文化引领大学生的思想潮流，才会使大学生在学习和生活中衍生出更强烈的紧迫感和责任感，才会使其萌发出更强烈的民族自尊心、自信心和自豪感。中华民族五千年的文明历史孕育了强大的民族精神，它是中华历史源远流长的精神内核，也是中华民族实现中国梦、建设社会主义现代化强国的强大感召力和凝聚力。红色文化中蕴含的与爱国主义和民族精神相关的革命事件、革命人物和革命情怀，以及红色教育基地、革命遗址、革命历史博物馆等红色资源，能以其强大的生命力和说服力再现革命历史，进而有效引导大学生树立强烈的社会责任意识，不断激发其爱国主义情怀，增进其对中华文化和中华文明的深刻认同感和归属感，使之为实现中华民族伟大复兴的中国梦而不断贡献青春力量。

中国民族是一个从红色历史中走来的民族，在未来的发展中，也始终坚定不移的坚持红色革命精神，以革命精神武装自己，用革命文化塑造青年的坚韧性格，坚定民族自信。

革命精神始终是国家自信和文化自信的重要组成内容，在历史教学中，教师应当积极挖掘近代史中的革命精神，用革命文化来巩固文化自信，升华民族优良传统。从近代史部分内容的教学来看，教师从家国情怀的高度出发，让学生通过学习革命文化，了解我国一代代伟人在近代历史中的拼搏和奋斗，引发学生共鸣，培养学生爱国精神、国家归属感和民族荣誉感。首先，教师可从中华民族为抵御西方列强不断革命的角度出发，以救国救民为主题，将历史教学与文化自信相融合。随着西方工业革命的完成，西方列强逐步加快入侵中华步伐，不顾社会道义和中华民族儿女利益，侵占中国国土，掠夺中国资源，为此，中华民族轮番而上，展开各种革命，为救亡图存不断奋斗。在奋斗过程中，经历了辛亥革命的短暂胜利，但仍无法从根本上为中国发展提供正确指引。在此背景下，马克思主义思想成为思想指引，传入中国，将历史钟摆指正，历史的指针指向了中国共产党，在共产党人不断拼搏、英勇反击的努力下最终带领中国走向了胜利，为新中国的发展奠定了坚实基础。在教学中，教师可结合近代史发展，为学生普及英雄先烈的英勇故事，将家国情怀与历史教学相结合，让其成为树立文化自信的精神内核，让学生感受到中华民族永不放弃、不惧压迫、顽强不息的民族精神，培养学生文化自信。

（3）有助于大学生践行社会主义核心价值观

社会主义核心价值观是当代中国精神的集中体现，凝结着全体人民共同的价值追求。因此，新时代大学生应从红色文化教育中感受中国进入新时代后翻天覆地的变化，进而在思想和心理上对中国特色社会主义道路、理论、制度和文化有更加全面的认知。要想使社会主义核心价值观真正成为引导学生思想和行动的指南，需要让学生经过实践的磨砺、思想认识的升华、心理的悦纳和认同，从而将其内化于心、外化于行。新时代，大学生对红色文化的思想认同和传承有助于社会主义核心价值观的入脑和入心。高校在全员、全过程、全方位育人过程中，应积极引导大学生参与红色文化社会实践，体验救国救民、独立解放的斗争精神，从中领悟国家民主富强、个人价值实现、社会长足进步的重要性，从而不断加深对社会主义核心价值观科学内涵的深刻理解。

三、"革命历史"加强大学生爱国主义教育的路径

（一）更新革命传统教育的内容

革命传统深深根植于中国革命历程，具有一定的历史痕迹和历史烙印。在中国特色社会主义的新时期，革命传统的内容也要因时而变，不断与时代精神相结合，才能焕发出生机，突显教育价值。历史教师要考虑学生认知水平以及身心发展特点，不断增强革命传统知识的吸引力、科学性、时代性，而不能仅仅局限于书本知识。

历史教师在完善革命传统教育内容时，需要结合国家的大政方针，紧扣时代主题，突出革命传统教育的重要知识点，弘扬时代精神、民族精神和创

新精神。如在讲授全民族浴血奋战与抗日战争的胜利内容时，可以带领学生总结鸦片战争以来，爱国主义在不同的斗争阶段具有的不同内涵，并将历史与现实结合起来，尝试提问学生：在新的历史时期，我们在推进伟大事业的进程，又该如何弘扬爱国主义呢？进而引导学生在"中国梦"的时代主题下，要继续坚定理想信念，勇于变革，学习革命先辈的担当精神。

在讲到"工农武装割据开辟革命新道路"这一知识点时，有的教师可能会运用一些史料、视频等形式，向学生展示革命先辈为了理想，抛头颅、洒热血的场景，但是身处在和平年代的学生可能会无法理解无私奉献的精神，这时教师可以列举新时期默默奉献的时代楷模，如袁隆平、屠呦呦等人的时代故事，让革命传统的内容贴近生活，缩小历史差距感，也可以借助毛泽东的诗词：《念奴娇·井冈山》《西江月·井冈山》《水调歌头·重上井冈山》，引导学生思考农村革命根据地对中国革命胜利的重要性，在对诗歌内容的简单分析中，重现历史情境，体会革命先辈勇往直前、英勇斗争的精神。

历史是一门包罗万象的学科，在历史教学中，也要注重与其他学科的融合。在新民主主义时期，重大的革命事件多与一些重要性的地点联系在一起，因此，可以结合地理知识进行革命传统教育，如在讲述"红军长征"的知识点时，结合毛泽东的《七律·长征》。通过在 PPT 上展示诗歌内容或带领学生回忆描写红军艰难斗争的诗句"五岭逶迤腾细浪，乌蒙磅礴走泥丸。"向学生介绍五岭具体地名及其险恶的地理位置，以图片、视频的形式展示诗中提到的乌蒙山、金沙江，让学生感受红军在长征途中的艰难险阻，若不结合地理知识，只是简单的陈述红军长征路途中的艰辛，学生可能无法理解长征对中国革命胜利的重大意义。

革命传统的教育内容较多，具有一定的理论性，涉及到学生的切身利益，在实践中无法逐一落实。无论是政治课本还是革命传统知识，都提倡集体主义原则，当个人利益与集体利益发生冲突时，个人利益要服从集体利益，这些书本知识在实际生活中是难以实践的，既忽视了学生的个人利益又脱离了实际生活，如果给学生讲述与这一精神相关的社会事件，如援鄂医疗队、"不孝医生"、消防员等不同行业的事迹，在对这些现实问题的探讨中，让学生自己做出选择，将集体主义原则由抽象向具象转变，既增强了说服力，又激发了学生的学习欲望，从而促进对革命传统知识的内化。但仍需注意的是，要把握好革命传统教育的先进性，在引导大学生学习革命先烈的高尚品质时，切记拔高标准，脱离现实生活，同时要把握好革命传统教育的广泛性，使之符合绝大多数人的认知规律，符合大学生的实际需要，从而激发学习热情，促进行为外化。

（二）创新革命传统教育的方式

中国的革命传统犹如一部厚重的知识宝库，记载着中华民族近代史的发展脉络，这既是学生必须了解的基本史实，也是增强文化自信的史料来源。要读懂这些知识，提高大学生的文化自觉、文化自信以及爱国主义情怀，需要一线的教师们利用各种各样的教学形式，帮助学生理解各个历史事件发生的前因后果以及革命精神的深刻内涵，由感性认识过渡为理性认识。当前革命传统的教育形式多是以课堂教学为主，辅之报告会、研学活动、展览活动、传唱经典歌曲等形式，除了这些教学形式，还必须运用大学生喜闻乐见的形式，将革命传统的基本规律与当代大学生的身心发展规律有机结合。

1. 充分发挥红色资源的教育功能

适时组织学生红色旅游，在参观革命遗址中进行现场教学、互动教学、情境教学、体验式教学等，充分发挥红色教育资源的价值。红色旅游以形式多样、直观生动的特点，既满足了学生爱玩的天性，又在游玩中体会革命战争时期的艰苦环境，在庄严的雕塑中感受民族危难、外族入侵的历史屈辱感，在红色精神的洗礼下，自觉肩负起民族复兴的大任。如在井冈山教育基地参观时，可以让学生体验当地经典的革命传统教育课程："红军的一天"，在"急行军"的体验式教学中，重回革命战争年代，重走朱德挑粮小道。在体验中感悟革命先辈的革命乐观主义精神，在体验中反思今日来之不易的幸福生活，学习革命先辈不怕困难、开拓进取的精神，激励自己在困难面前要迎难而上。具有一定刺激性、冒险性的体验式教学，更能激发学生不甘平庸、积极向上的心态，从实践中获得的认识将会更好的入脑、入耳、入心。当带领学生参观侵华日军南京大屠杀遇难同胞纪念馆时，无论是悼念广场还是史料陈列室，都将学生浸润在 1937—1945 年的历史中，在民族的奇耻大辱中思考中华民族惨遭日本蹂躏的原因，今天又该如何告慰三十多万冤死的灵魂。这种情景教学，比在课堂中讲述日本的暴行，更令学生印象深刻，但是教师要引导学生，吸取历史的教训，理性爱国。在一系列的参观活动中，让学生努力学习，以革命先辈为榜样，为国家富强、民族振兴贡献一份力量。

2. 注重革命榜样的激励作用

革命榜样因其先进事迹、光辉形象，受到学生的关注、学习，而且这些先进事迹具有具体化、形象化的特点，在进行教育时具有较强的感召力和说服力，能够起到一定的激励、鼓舞作用。在革命战争时期，涌现了一批批革命道德人物，如在解放战争胜利前夕，不顾自身安危，用地下电台给我党发布了敌人战略情报而不幸被捕的李白。《红岩》中塑造的江姐、许云峰、华子良、小萝卜头等影响中国几代人的英雄形象，他们在魔窟里保持的乐观、坚毅、无畏，对信仰的坚持，成为中国精神代表。英雄们舍生取义铸就的"红岩精神"，在今天仍旧具有强大的感召力，在和平年代，也出现了一批批为新中国建设事业无私奉献的先进人物。如用"生命践行航母报国"的罗阳、中国民航的英雄机长刘传建、新时代科技报国的典范黄大年等，他们身上所具有的博大情怀、进取精神、忘我精神成就了中国的"民族脊梁"。对于大学生来说，可以选择一些他们比较感兴趣或在当地有影响力的模范人物，如分享中国故事的李子染、为国争光的中国女排等，把这些优秀人物视为自己的奋斗目标，学习他们身上勇于担当、坚毅不拔的高尚品质。

（三）积极参加实践活动

革命传统教育的效果是大学生在社会实践中体现出来的，大学生内化革命传统的效果是由外化的实践决定的。为此，大学生要积极参与社会实践活动，不断提高革命传统外化的自觉性。

大学生要在社会实践中磨炼意志，坚定理想信念。面对现实社会的种种诱惑，大学生如果意志不坚定，在利益的驱动下，无法坚定理性信念，就会与革命传统教育所倡导的价值理念相背离。因此大学生要在实践中磨炼意志，加强自身道德修养，用革命先辈的事迹激励自己，不断增强革命传统教育在实践中外化的实效性。大学生要从生活中小事做起，用革命传统的内容严格要求自己，做到知行合一，不断向身边的榜样学习，继承优秀品德，积累自身的认经验，将革命传统的精神在实践中一以贯之。

（四）重视家庭教育

1. 营造良好的家庭氛围

家长要改变"重智轻德"的思想观念，营造良好的家庭氛围。家庭教育具有继承性的特点，即孩子成家立业后，会用父辈的教育思想、教育内容来教育下一代，因此良好的家庭教育以及家庭氛围对于后代身心的健康发展是极其重要的。家长不仅要关注孩子的成绩，还要注重对孩子健全人格的培养，促进孩子德智体美劳的和谐发展，如果不考虑孩子的兴趣、能力，把自己的理想期望强加于孩子身上，不惜花费大量的时间、金钱让孩子参加各种各样的培训班，加重孩子的学业负担，这种教育方式在短期内可能会有成效。但是从长远看，这种拔苗助长式的教育方式会给孩子的内心带来无法抹平的伤害，性格的扭曲，可能还会加重父母和孩子的矛盾，使孩子仇视父母，亲子关系破裂。良好的家庭氛围，能让孩子感受到爱与尊重，有利于孩子形成良好的道德品格。

2. 家长注重言传身教

家庭教育具有连续性、持久性的特点。当一个生命个体来到人世间后，家庭教育就与其相伴一生，即使在孩子步入校园，接受学校教育或离家求学后，家庭教育依然扮演着重要的角色，父母通过各种途径与孩子的沟通交流，对其生活方式、价值观的塑造方面依旧产生着重要影响，孩子则是通过观察父母的言行举止来确定自己的行为方式，孩子的所作所为在一定程度上反映了家长的价值观念、教育理念。因此家长有必要为自己的孩子做好榜样，及时改变自身的不良言行。

（五）发挥革命文化的社会教育功能

要大力发展红色文化事业，繁荣红色文化市场，满足大学生的精神需求。要不断拍出更好的红色影视作品，创作出更好的红色著作，为学生进行红色文化教育提供更多更好的素材。近几年不断出现的"叫好又叫座"的经典影视剧《我和我的祖国》《红海行动》《古田军号》等，以及《一堂好课》《故事里的中国》《国家宝藏》等综艺节目，则是新时代弘扬革命文化的重要载体。这些优质的文化素材，营造了良好的社会风气，丰富了学生的精神生活，能带动其在实践中自觉践行革命传统的精神内涵。革命遗址、革命纪念馆等红色资源不仅讲述着中国革命的历史进程，而且承载着革命先辈的斗争精神，当大学生置身其中，在参观浏览的过程中，体会革命先辈坚强的意志、不屈的灵魂，在红色精神的洗礼下，坚定理想信念。革命基地的负责人要加强对红色教育资源的保护和开发，利用网络、新媒体等途径进行文化宣传，塑造各具特色的文化教育基地，并且针对学生的研学活动，制定合理的优惠措施，布置一定的参观作业，让大学生在参观中净化心灵，树立远大理想。

第四章

高校历史教学中大学生文化认同教育现状

本章节内容为高校历史教学中大学生文化认同教育现状，从高校历史教学中大学生文化认同的现状、高校历史教学中大学生文化认同教育的问题及原因分析、高校历史教学中大学生文化认同的教育策略三方面进行讲述。

第一节　高校历史教学中大学生文化认同的现状

中华优秀传统文化以潜意识的形态存在于高校大学生周围的方方面面，并且影响着大学生的生活、学习和心理。中华优秀传统文化对于大学生来说，是一种精神慰藉，对大学生的方方面面发挥着重要的作用。中华优秀传统文化能够在大学校园中形成一种良好的文化氛围，这种氛围除了能够对大学生发挥重要的教育外，还发挥着重要的引导作用，能够正确引导学生的思想观念。因此，在高校中培养和提高传统文化的认同感，其实就是培养和提高大学生对于中华优秀传统文化的认同感。目前，我们可以看到大量与传统文化相关的影视节目涌现，这些影视节目得到了高校大学生群体的一致好评和广泛喜爱，从这一点上来说，中华优秀传统文化在大学生心中占据着重要的位置，与此同时，中华优秀传统文化在当代高校大学生的心中拥有高度价值认同感。中华优秀传统文化的认同感与中华优秀传统文化在社会发展中的作用呈现正相关的关系，认同感越高，其作用越重要。

培养当代高校大学生的文化认同感，在一定程度上来说，就是对于传统文化的传播和继承。他们从一出生，就生活在传统文化的洗礼中，其中的精神文化、道德伦理、地域风俗等等时刻影响着大学生，因此，在高校大学生的心里拥有着共同的民族文化，也充分说明了对大学生传统文化的价值认同感的培养和提高在一定程度上是稳定而深入的。中华优秀传统文化以一种无意识的形态存在于高校大学生的精神世界中，虽然在社会的高速发展下，当代大学生主体意识越来越强烈，但是当面对国内外的政治局势、经济动荡、文化冲击时，当代大学生对于本民族的文化价值认同依旧是非常稳定的。

我们看到中华优秀传统文化在当代大学生精神层面高度认同的同时，也应该要看到当代大学生对于认同的行为存在着不同程度的问题，这也就是说当代大学生对于传统文化的认同与所表现的行为两者是存在差异性的，大学生对于传统文化的认同感很高，但是大学生对于高度的认同感所表现出来的行为是脱节的。毕竟精神上的认同与行为上的同步是不能画等号的，从精神上的认同到行为上的同步转化，这个过程是复杂的，这个转化过程中的每一个环节都至关重要。

培养大学生的文化认同感与中华民族的伟大复兴息息相关。当前，我们正面临着多元文化的交融、外来文化的冲击，甚至各种不良文化的涌现正在严重的影响着当代大学生的思想和观念，因此，在高校教育中，深入培养当代大学生的文化认同感是相当重要的，也是必须的和急切的。在高校教育中如何培养大学生的文化认同感，是一个值得深思的问题。首先，在课程设置上，高校应该开设与文化认同相关的课程，并在开设过程中进行优化，从而提升大学生的文化认同感；其次，在教学形式上，要运用不同的方法，如举办校园文化活动，在实践中培养和提升大学生的文化认同感；最后，教育载体和教育资源上，充分利用网络平台，拓展学生文化认同。

在当今高校中，很多大学生只是一味地进行学习，对于学习之外的社会、经济、政治等漠不关心，极其缺乏社会认同感。还有一部分学生虽然在学习之余，也关心着其他事情，但是其政治意识淡薄，并没有真正的对党的知识进行深度学习，这样的学生往往会在社会问题上盲目跟风，只能看到问题的表面，并不能看到问题的本质。如果长期任由这种状况的自由发展，而不采取相关措施，那么将对高校以及高校学生的健康发展产生重要的阻碍作用，从而不利于对大学生文化素养的培育，更不利于大学生文化认同感的培养。要想有效解决这个问题，需要在高校教育中的方方面面进行改革，如课程设置、课程内容、教学方法等等。

第二节　高校历史教学中大学生文化认同教育的问题分析

虽然，对于中国特色社会主义文化，当代大学生已经具备了高度的认同感，并且这种认同正在以较好的形式在发展，但还是存在一些问题。

一、高校历史教学中大学生文化认同存在的问题

1. 认知层面的认同出现不平衡现象

首先，高校大学生在文化的认知结构存在不平衡。对于当代高校大学生文化认同感的培养，除了中华优秀传统文化之外，还有革命文化和社会主义先进文化。这三者共同构成中国文化，培养高校大学生的文化认同感就是培养高校大学生对于这三种文化的价值认同感。目前，高校大学生认为对于文化认同的培养应停留在中华优秀传统文化上，从而忽略了革命文化和社会主义先进文化。对于大学生文化认同感的培养，缺少了任何一种，都会对另外两种产生不利影响，因此在高校教育中，要重视和加强大学生对于革命文化和社会主义先进文化的认同感培养。

其次，高校大学生对于文化认同的认知程度不平衡。这种不平衡主要体现在对于文化认同感的培养还集中在感性认识层面，而没有上升到理性认知层面，其中感性认知是浅显的，不深入的。虽然大学生在高校中经过学习，对中国特色社会主义文化有了一定的了解，但是他们并不能完全准确的对中国特色社会主义文化尤其是革命文化的内涵和本质进行表达。只有将学生们的认知从感性上升到理性，当代大学生才能更好地进行创新，才能更好地发挥主体意识，也才能更好地提高对学生文化认同感的培养。

高校教育中对于历史课程的开设，其目的是通过中国文化的不断输入从而培养高校大学生的世界观、人生观和价值观，也使得大学生的人格由不成熟向成熟进行转变。目前，我国正处于社会转型时期，我们面临着传统文化、现代文化和后现代文化的相互交融、相互冲击；随着国际全球化的发展，外来文化的传入，正在和中国文化进行着交流，外来文化的涌入，在一定程度

上对中国文化造成不同程度的冲击；市场化也在不断地进行发展，在市场化快速发展进程中消费主义和文化娱乐主义随之到来，这对当代大学生的价值观、文化认同产生了重大的影响，从而产生了一系列的社会问题。上述种种问题的存在，都是高校历史课教学中必须面对的问题，也是亟须解决的问题。在文化自觉上对我国历史课教学中的问题进行有效分析和有效反思，这样才能针对具体的问题，采取对应的策略。

目前，存在部分大学生的自觉意识不强烈的现象，主要体现在以下三个方面。

第一，部分大学生对传统文化不重视，缺乏主体意识。

在中华优秀传统文化是如何产生、如何发展、内涵是什么等方面，一些学生只是被动的接受知识，甚至连学校中传授的知识都不能完全掌握；他们对于与民族文化相关的内容不感兴趣，学校举办的相关活动和讲座也不参加，对于民族文化的传播和继承有一种抵抗的心理，这样不利于对大学生对文化认同感的培养。

第二，部分大学生过度追捧西方文化

伴随经济全球化，文化交流与互动变得越来越频繁，文化被几近移动成平面化，外来文化入侵，以惊人的速度动摇着接受新事物较快的大学生群体的文化观念。文化中的西式扩张和霸权理念使得最原始的拜金主义被激活，享乐利己倾向得到了一定的鼓励，出现了个别的以自我为中心的极端化思想，这些文化价值理想最典型的特征就是功利主义。在一些成长经历坎坷而又带有失败情绪的大学生中备受青睐，造成了他们对西方文化的盲目尊崇，肆意追随西方生活方式。从西式餐饮、影视创作到节日追捧，对西方生活方式、消费观念等各个方面的崇拜甚嚣尘上，但事实上却是"浮慕西化而不深知西方文化的底蕴"，即感性认知强于理性思考，缺少对文化的自我认识、见解及主张。凡此种种表现折射出了大学生薄弱的文化鉴别意识与取舍能力，导致西方消极文化在我国得以延伸，甚至泛滥。

第三，部分大学生对主流文化淡漠迷失

所谓主流文化，是指在社会中占有一定统治地位（政治、法律、思想、哲学、道德等）的社会意识形态的基础上形成的一种文化形式。它表现为社会群体共同具有的认知、思想、信念、价值观等。在社会转型时期，我国的主流文化，是以马克思主义思想为指导，汲取中华优秀传统文化、具有先进时代精神并具有中国特色的社会主义先进文化。当前大学生群体中一些人对主流文化的认同还存在一些短板，究其原因，主要在于：其一，受目前多元文化的强烈冲击，个别大学生对文化发展的主旋律方向认知不清。受这种不确定的干扰，容易造成对民族文化的错位，导致对本国的主流文化表现出漠不关心、比较消极的态度。如：有些学生不能深刻理解为什么我们必须用马克思主义、毛泽东思想和中国特色社会主义理论体系作为我国的重要思想，不能准确厘清社会主义意识形态与资本主义意识形态之间的关系，从而导致主流信仰危机，主流文化认同缺失。其二，面对社会转型的新形势，当代大学生中出现了一些拜金主义、享乐主义、极端利己主义、道德失范、不文明等等与主流文化背道而驰的价值倾向，导致自身母体文化的内在民族价值和精粹遭到淡化，主流文化信仰和文化自觉素养遭到侵蚀，进而变得边缘化。长此以往，游离于主流文化之外的个别大学生的价值判断链条势必日益多元，形成混乱的价值观、自由观及民主观。在如此严峻形势下，高校历史课教学中培养大学生的主流文化归宿感，提升他们自觉抵御非主流文化攻势的能力显得非常重要。

2. 情感层面的认同有待进一步提升

对于文化认同，存在着各种心理环节，并且各个心理环节之间都有着一定的联系，相互产生着影响，发挥着推动作用，在各个心理环节中，情感是比较重要的一个环节。在我们进行信息选择时，情感就发挥了重要的作用，情感可以对信息进行过滤；在我们对信息进行内部消化时，情感在这个环节影响了我们对于消息的内化程度。情感在我们整个认同的过程中，能够产生重要的激励作用。在我们进行认同的过程中，对于认知层面来说，情感层面的认同最为细致和深入。目前，当代大学对于中国文化都有着真挚的情感，但是对于大学生文化认同感还可以进一步的提升。目前，在情感层面，大学生对于认同还是比较薄弱的，情感上的认同主要还是集中在感性层面，而没有上升到理性层面。

3. 行为层面的认同存在薄弱的环节

在中国古代哲学中，"知"的概念可以解释为人的思想和道德，"行"的概念可以解释为实践和行动。知行合一，是中国古代哲学体系中的重要认知。当我们遇到问题时，不能只是对问题进行了解，还要采取行动去解决问题，真正做到知行合一。同样，当代大学生对于中国特色社会主义文化的认同也应该这样做，对于文化的认同不能只停留在情感方面，还要用行动去付诸实践，完成由情感层面认同到行为层面认同的转化。认同的过程，一般是认知——情感——行为的过程，其中行为是认同的最终目的，认知和情感在整个认同过程中对行为起到促进作用，也起到决定性的作用。

目前，在高校大学生文化认同的过程中，认知和情感环节发展比较良好，但是由情感环节到行为环节的转化，还是相对弱势的，这就导致了行为环节比较薄弱，从而出现行为脱节的问题。因此，在高校教育中，我们要加强对行为环节的培养。

通过上述分析，我们可以了解到，当代大学生对于中国特色社会主义文化的理解还停留在比较浅显的层面上，因此，我们要对大学生认同过程中的认知——情感——行为的每一个环节进行提升。

二、高校历史教学中文化认同教育存在的问题

大学生文化品质的形成与教育的效用密切关联，而从目前的历史教育来看，受传统办学理念和教学模式的影响，对于文化育人方面的启迪与导向还不够充分。所以，高度重视高校历史课在培育大学生文化自信素养方面的作用意义重大。

1. 教学内容缺乏时代性

首先，教材内容重叠多，教材变革跟不上学生的需要。从一些调研数据中发现，高校历史课教材与中学历史课教材在内容上存在着很多交叉重叠现象，这大大降低了学生学习的兴趣。同时，传统历史课教学以教材为中心，以知识灌输为目标，教学内容囿于教材内容，只注重书本上结论性知识的灌输，而忽略了理论问题的分析解释。除此之外，课程内容还存在着更新速度慢、缺乏时代性等缺点。

其次，部分内容与实践脱节。思想政治教育的最终目标是为国家培育优秀人才，然而当前历史课教学过程中，一些教师在讲课时，还存在为了完成教学大纲中最基本的教学任务，从而忽略根据当今大学生群体特征来促进大学生个性化发展的现象。而作为学生，在学习的过程中也没有真正意识到历史课的重要性，只是为了达到学校所要求的标准和学分而机械化学习，导致教学效果不佳。

2. 文化认同教育的形式较为单一

大学生文化认同教育形式，是高校对大学生有目的、有计划、有组织地进行文化认同教育活动的具体实施方法和组织形式。当前高校文化认同教育的形式主要包括课堂教学和校园文化活动。

首先，课堂教学的形式有待改进。课堂教学是大学生文化认同教育的传统渠道，也是主要渠道。有些高校教学理念比较落后、课堂教学形式比较单一是当前文化认同课堂教学形式存在的主要问题，一些教师重视对学生的单向知识传授，但相对来说忽视了学生的主体性作用，忽视了师生之间、学生之间的互动交流，从而造成学生学习比较被动，不能充分调动自主学习的积极性，不能很好地锻炼独立思维能力和批判性思维能力。

其次，校园文化活动的育人形式有待进一步丰富。校园文化活动内容和形式广泛，包括实践活动、主题教育活动、社团活动、文艺活动等。通过多种多样的校园文化活动，我们能够从中窥见一所学校的办学理念、价值观，还能够感受到独属于这所学校的学风与教风。在开展校园文化活动过程中，既能通过丰富多彩的活动内容对学生进行教育，又能在校园内营造浓郁文化氛围，在无形之中潜移默化地影响学生的思想与态度。通过积极参与校园文化活动，让广大师生更加深刻地认识、了解校园精神文化，从而进一步增强认同感，并为自己是校园的一份子而感到自豪。除此之外，在面向师生对中国特色社会主义文化进行宣传时，也要依托校园文化活动，将其作为主阵地、主平台。

但就实际情况而言，大学校园文化仍然存在诸多问题。从活动形式上看，过于单一化，缺乏丰富性；从活动内容上看，较为死板、僵硬，和大学生的日常学习生活联系不够紧密，从而无法激发学生了解活动、参与活动的积极性。因此，在开展高校校园文化活动的时候，一定要注重对活动形式的丰富、对活动内容的扩展，这样才能唤起学生兴趣，切实提高活动参与度，达到更好的教育成效。

3. 教学资源单一

除历史课之外，其他课程和教学方式中其实也有着非常丰富的思想政治教育资源，为进一步提高教学质效，改进历史课教学效果，我们应当对其高度重视，并进行全面、深入的挖掘。近年来，伴随高校历史课课程设置的变化，许多教师根据要求和形势变化不断地吸收了大量教学资源，丰富教学手段，在一定程度上促进了历史课教学质量和教学效果的提高。但沿袭"注入式"讲授方式和依赖单一教学资源的做法还未根本消除。部分教师认为，这种教学模式能够帮助他们在课堂教学的过程中掌握主动权，使教师成为课程中的主导者，在有限的时间内将更多的理论知识灌输给学生。然而，我们更要看到，这种教学模式有着封闭性、单向性的局限性，在授课过程中，教师对学生进行"强制说教"，只将教学内容单方面教授给学生，既没有充分发挥学生的主观能动性，也没有激发学生对学习的兴趣，更阻碍了学生在课堂上与教师之间相互交流、相互讨论。在这种教学模式的影响下，学生只能被动地接受知识，很难变"要我学"为"我要学"，对知识的自主学习能力和探究思考热情被压制、被消耗，甚至被磨灭。同时，导致学生对历史课内涵、课程价值、育人导向等产生了误读，造成历史课"雾里看花"的尴尬境地。

4. 教学理念滞后

传统历史课的僵化教学理念在当前历史课中还存在比较大的影响，受一些教条式思维和机械式模式的惯性作用，简单地把教材内容灌输给学生，对一些概念、原理和结论做表象解释，使得学生对历史课的认识停留在记忆相关知识要点的层面，对所学内容与中国特色社会主义事业的关系缺乏深入思考和理解，进而难以形成科学的方法论。

总之，在这个全球信息化的时代里，大学生作为走在时代前沿的一个群体，他们具有开阔的思维、较强的自主意识和创新意识，渴望在课堂上与教师和同学之间共同进行探讨，但又不时对大量现实问题充满困惑。凡此种种现状给我们提出了新的思考，无论是教学内容、教学方法还是教学理念，其终极目的是引导学生掌握正确的思维方法，正如习近平总书记指出的，"思政课要教会学生科学的思维。……无论怎么讲，最终都要落到引导学生树立正确的理想信念、学会正确的思维方法上来"。唯其如此，才能使学生对思想政治课的兴趣大增，消除厌烦、抵触等心理。

5. 考核评价机制局限性明显

没有明确的指向性和针对性，高校历史课就会迷失方向、落后于时代。随着高校历史课教学体系改革的不断推进，单一性的、终结性的考核方式不仅不利于学生的成长，而且已经成为制约历史课教学改革的瓶颈。从我国高校历史课教学考核方式的现状看，现行考核方式的局限性主要表现在以下几个方面。

（1）重知识测验，少素质评价

高校所开设课程是以传承知识和培养能力为首要目标的。同样，历史课也不例外，在历史课教育中，理论性知识的学习最终要为学生的文化知识、道德修养和思想政治水平的提高服务。然而现行的历史课，无论是考试课还是考查课，考核的重点更多聚焦于知识的测验，受这种导向的影响，教师在授课过程中过于强调理论的逻辑性和系统性，而脱离了当代大学生在思想、政治和行为上遇到的现实问题，导致考核成了单一的知识再现，不仅忽略了对学生运用马克思主义的立场、观点、方法解决问题能力的考核，也忽略了对理论知识能否有效转化为学生实践能力的考核。在考核过程中，教师更多注重对学生知识与技能掌握情况的评价，而缺乏对学生自身的道德素质以及其应具有的思想政治素质的详细考评，这样最终会造成考核目标与课程教学目标不相匹配，前者低于后者，继而成为实现课程教育教学目标过程中的阻碍。

（2）考评方式单一

目前，历史课封闭式、知识性的考评方式还不在少数，造成学生为了通过考核，向教师提出"划重点、圈范围"的要求，再由于课程理论性较强，不便于理解记忆，可能萌发少数学生作弊的行为。如此应试而来的成绩难以客观地反映出学生运用理论结合实践而提升的思想政治道德水平。如果教师只以学生在学期结束时的考试成绩作为判断学生优异与否的标准，必然将忽视学生在整个学期学习过程中的表现情况，也会忽视每个学生与自身相比较后的进步情况。如此，在教与学、评价与被评价中，学生和教师之间将缺乏情感上的沟通交流，教师无法准确了解学生的学习动态，学生也不能通过考核评价知道自己学习中存在的问题，无法明确下一阶段学习方向。

总而言之，在考核中，单纯依靠"期末考试"等应试考核方式存在较大局限性，既缺乏动态反馈，不能了解学生思想政治理论水平和素质提升情况，又缺乏实际效用，无法对学生下一阶段的学习提供指引与激励，更会导致学生在学习理念上出现偏差——在应试教育这根"指挥棒"的作用下，很多学生会出现"重学习结果""轻学习过程"和"重考试分数""轻道德素质"的心理，只以应付考试为最终目标，不能把考试当作一个检验过往学习成效的方式手段，因此也无法在考试过程中进一步挖掘自身潜力、拓展知识思维空间、增强主动学习的情感信念，由此，反而会导致学生轻视历史课，严重的甚至会产生烦躁与抵触情绪。

第三节　高校历史教学中大学生文化认同的教育策略

一、高校历史教学中大学生文化认同教育的原则

新时代高校历史教学中大学生文化认同培育既可以促进大学生的个人成长发展，也是实现跨学科融合、加强和改进大学生思想政治教育的需要。高校历史教学中大学生文化认同教育过程中，需要坚持的原则是：社会主义核心价值体系引领性和包容性相结合、传承优秀传统文化和借鉴先进外来文化相结合、外在的文化价值引领和内在的自我教育相结合、文化理论知识传授和文化实践能力培养相结合。

（一）社会主义核心价值体系引领性和包容性相结合

坚持大学生文化认同的中国特色就是要坚持文化融合进程中引领性和包容性的统一，大学生文化认同教育应当以社会主义核心价值体系作为指导，对中国特色社会主义文化建设达成文化共识，通过我国历史中的民族多样性文化引领精神文明建设，在丰富多彩的民族文化中促使大学生增强文化自觉，坚定文化自信。社会主义核心价值体系对大学生文化认同教育具有引领作用，主要包括以下三个方面。

第一，导向功能。社会主义核心价值体系能够引导学生对自己进行正确的定位，使学生将爱国、敬业、诚信、友善作为自己个人层面的价值准则。大学

生文化认同与社会主义核心价值体系有着共同的价值取向，换言之，大学生以社会主义核心价值体系作为文化认同的价值追求。所以，高校应当把社会主义核心价值体系教育融入高校历史教学大学生文化认同培育工作当中。

第二，社会主义核心价值体系对大学生文化认同具有一定的规范作用。众所周知，当我们的某些行为与社会道德规范背道而驰时，社会主义核心价值体系就会发挥一定的规范作用，成为人们内在和外在的行为准则，但当我们的思想行为符合社会道德规范时，就不会轻而易举地感受到社会主义核心价值观的制约作用。

第三，社会主义核心价值体系对大学生文化认同具有一定的整合作用。在社会主义核心价值体系的基础上整合各种内在文化价值观，有助于文化自身的开放性、反思性和超越性，促进文化价值观和价值规范随着时代发展和社会进步不断自我更新，提高文化建设的自觉性和主动性。社会主义核心价值体系的整合可以将体系中四个层次的需要与大学生的文化知识和行为紧密结合起来，使社会主义文化建设能够从大学生的实际需要出发，成为大学生文化认同的动力和价值目标。

在坚持社会主义核心价值体系引领性的同时，也要注重与包容性相结合，所谓包容性就是要尊重每个人在共同文化价值取向下个体的独立性，每个人都是独立的，都有文化选择的权利。社会主义核心价值体系的引领地位意味着其体系内部是多元化社会思想与价值观的整合统一。党的十九大报告指出："我国社会主要矛盾已经转化为人民日益增长的美好生活需要和不平衡不充分的发展之间的矛盾"。由此可见，不平衡已经成为当今社会的重要时代特征之一，随着社会改革开放的不断深化发展，要增强大学生文化的认同感，要敢于直面文化认同中的个体差异，促进社会主义核心价值体系引领性与包容性相结合，在百花齐放、百家争鸣的局面当中，推动中国特色社会主义进一步发展，吸收借鉴外来文化中的有益成分，做到相互交融。只有这样，才能够使得高校大学生形成统一的思想共识，为中国特色社会主义事业作出应有的贡献。

（二）传承优秀传统文化和借鉴先进外来文化相结合

当今的时代是信息爆炸的时代，也是协调与沟通的时代，任何国家、任何文化都不可能孤立地存在和发展。在全球化的语境中必须要以积极的心态面对文化冲突，促进文化融合，处理好本土文化与外来文化的关系，把传承中华优秀传统文化和借鉴先进外来文化有机结合起来。

1. 传承中华优秀传统文化

中华民族有着深厚的文化传统，形成了鲜明的思想体系，体现了中国人民几千年来积累的知识、智慧和理性思考。中华文明延续着我们国家和民族的精神血液，不仅需要代代相传，而且要与时俱进，继往开来。作为一名新时代的大学生，要加强对中华优秀传统文化的挖掘和分析，确保中华民族的基本文化基因与当代文化相适应，与现代社会发展相协调，促进中华文明的创造性转化和创新发展。为此大学生必须要根植于中华优秀传统文化的深厚土壤，明确自己的社会责任和历史使命，明确自己的优劣势，面向现代化、面向世界、面向未来，吸收借鉴国内外优秀文化成果，从发展和批判的角度定位自身和不同文化的地位和价值，在理性选择、继承、发展和扬弃中不断前进。

只有继续发扬中国优秀传统文化的特色和魅力，坚定不移地走中国特色社会主义道路，才能在世界文化中谱写中华文化的辉煌篇章，在世界民族之林中立于不败之地。大学生作为中国传统人文精神和传统文化的继承者和弘扬者，"要坚持古为今用、以古鉴今，坚持有鉴别的对待、有扬弃的继承，而不能搞厚古薄今、以古非今，努力实现传统文化的创造性转化、创新性发展，使之与现实文化相融相通，共同服务以文化人的时代任务"。中华优秀传统文化已成为中华民族几千年的精神支柱和动力，大学生作为未来社会发展的有效力量，不仅是传统文化的实践者，也是传统人文精神的继承者。

为了提高对中华优秀传统文化认同感，大学生必须学习中国历史，包括中国五千年文明的古代历史和中国近代革命斗争史。如果大学生不了解中华文明在历史上的辉煌成就，就难以对中华优秀传统文化产生自豪感，也就难以认同中华优秀传统文化。如果不正确理解中国近代史，不正确理解中国共产党领导人民为独立和民族解放而奋斗的历史，就不可能深刻理解中国走社会主义道路的历史必然性和合理性，难以对革命文化和社会主义先进文化形成正确深刻的认识。以史为鉴，只有学习历史，才能从宏观上正确认识中国几千年文化的兴衰，从唯物史观和复杂的历史过程中把握中国特色社会主义文化发展和社会发展的一般规律，从而提高对中国特色社会主义文化的认识，只有通过不断学习，继承和发扬中华优秀传统文化，中华优秀传统文化才能够生生不息、历久弥新。

2. 借鉴先进外来文化

大学生在继承和发扬中华优秀传统文化的同时，也要正确认识外来文化，善于学习，吸收和借鉴世界文化的优秀成分。中华文明的形成和发展是一个不断与各种外来文化交流的过程，这正是它具有强大生命力的原因。正如季羡林先生所说，"倘若拿河流来作比，中华文化这一条长河，有水满的时候，也有水少的时候，但却从未枯竭。原因就是有新水注入。注入的次数大大小小是颇多的。最大的有两次，一次是从印度来的水，一次是从西方来的水"。在多元文化的今天，要真正弘扬中华优秀传统文化和人文精神，就必须顺应时代发展，认真审视世界历史，注意吸收世界各国的优秀文化成果。

高校可以说是世界各种文化和思想流派交汇的主场地，大学生自然而然率先地成为接受外来文化的主要群体。当今时代，大学生的思维比较灵活，思想观念也逐渐开放，他们喜欢挑战尝试各种新鲜的事物，但是其自身也因为思想不够成熟，缺乏一定的辨别能力，容易在各种社会思想交流碰撞中产生困惑之感。因此各高校在日常教学当中要采取多种文化活动和教育形式，在日常教学当中更要对世界史中的文化基本知识进行详细而系统地介绍，帮助学生吸收借鉴外来文化中的有益成分，开拓其视野的同时，增强鉴别是非的能力。

在新时代大学生的文化认同教育工作中，要教育大学生正确认识外来文化与本土文化的关系，以客观、理性的态度对待外来文化。要使本土文化与外来文化在不断交流与沟通中相互促进，这样才能进一步增进文化认同。

（三）外在的文化价值引领和内在的自我教育相结合

大学生的文化认同不仅包括教育者的外在文化价值引领，还包括受教育者的内在自我教育，二者是辩证统一的关系。外在文化价值引领是教育者通过对大学生进行积极地教育从而确保大学生形成正确的文化价值观念，内在的自我教育则是大学生通过自身的内在自我教育将自己学习的教育知识真正做到消化吸收。文化认同是文化认同主体对各种文化包括在认知、情感和行为方面的全方位接受，接受的过程是一种内化的过程，也是将文化的各类信息或者其体现的价值观念纳入自己的认知体系当中。文化认同教育本质属于一种价值引导方式，教育者在日常教学中能够直观讲授给学生的只是其中的认知部分，情感和行为的部分是很难通过直接讲授的方式来完成的，这就需要学生内在的自我教育。

所谓自我教育就是指受教育者按照教育目标，在自我意识和自我控制的基础上，通过自我认识、思考的方式积极地接受先进的思想、价值观和实践训练，从而培养自身良好的思想和行为，实现教育目标的一种教育方式。自我教育模式当中，受教育者充分发挥了自身的主观能动性，这体现出自我教育模式以受教育者为中心的教育理念。在这一模式当中，虽然教育者仍然发挥着一定的引导作用，但是真正对知识进行内化的是受教育者积极主动地学习与接受。大学生通过上一阶段的学习积累，已经掌握了一定的文化知识，也养成了一定程度的自我学习习惯，并且具备一定的学习能力，对于大学生来说，进行自我教育是一种极其有效的教育方式。

由于当前高校中还有很大一部分大学生思想还不够成熟，未完全养成良好的学习习惯，所以其在进行自我教育的时候仍然需要外在文化的价值引领，需要外部给予他们一定的方法指导。众所周知，科学的思想体系或者是一门学科并不是通过个人的自我思考与自我体验自发形成的，而是经过大量系统的实践检验逐渐走向成熟，在实践过程当中可想而知是需要大量必要的外在引领的。大学生由于自身年龄和所处环境的不同，其思想认知以及社会经验也会受到影响，对社会经验不足的大学生来说，必要的文化认同引领可以促进大学生加强对中国特色社会主义文化的系统性认知，培养出深厚的情感，为增强大学生文化认同感打下坚实基础。

（四）文化理论知识传授和文化实践能力培养相结合

新时代，在对大学生文化认同进行培育的时候，要从两方面着手，一方面是历史文化理论的传授，另一方面是实践能力的培养，只有这样，才能够保证在文化认同的培育过程中，保持大学生认知、情感、行为三方面平衡发展。对大学生进行历史文化认同的教育，要根据实际情况，将我国的国情与大学生的实际情况结合起来，帮助他们对历史文化树立正确的观念。理论来源于实践，最终要应用到实践中，历史文化理论也是如此，将两者结合，可以帮助大学生对文化理论产生深层次的理解，巩固文化理论知识的学习，同时还有助于大学生实践能力的提升。

在文化认同中，如果要将历史文化理论知识与实践能力培养两者紧密地结合起来，需要做到以下两点：第一，在传授文化理论知识的过程中，必须与时俱进，要结合大学生的实际情况以及社会发展的实际情况，同时，理论要有相应的实践来配合；第二，实践教育的开展不能是盲目的，必须以正确的文化理论为导向，树立明确的目标。在教育过程中，教育的内容和教育的方法都要灵活运用，教育内容上要密切联系大学生实际，教育方法上要选择大学生乐于接受的，避免内容和方法上的空洞、说教、形式化。

文化理论与文化实践两者是辩证统一的，文化实践离不开文化理论知识的指导，而文化理论知识离不开文化实践的检验。我们通常认为实践教育更加生动，有效性更强，这是由于实践教育的形式丰富多样，方法也是如此，所以其教育的效果更加直观，能够让学生们产生深刻的印象。因此在对大学生进行文化认同培育的过程中，不能忽视文化教育实践的重要作用，当然，文化教育实践活动的开展必须与文化理论知识相结合。通过实践活动，让学生在潜移默化中对中国特色社会主义文化产生深厚的情怀，提升他们的文化认知水平。

二、高校历史教学中大学生文化认同教育的方法

当前，在认知、行为、情感层面，大学生的文化认同都存在着问题，比如说认同的不平衡，行为层面比较薄弱，情感层面的认同较为浅薄。培育大学生文化认同，需要结合国内外形势、大学生思想政治教育发展的需要以及大学生文化认同现状，从以下几个方面进行。

（一）加强认知引导，引领正确方向

高校是教育的前言阵地，在高校中，能够窥探社会政治与文化，同时不同的信息在高校交流汇聚，思想在这里不断融合与碰撞，这也使得高校的文化思

潮是多元化的。由于大学生处在人生观、价值观形成的关键时期，其文化理论基础还有待进一步加深，在多元文化思潮的影响下，容易产生各种各样的困惑。所以说，加强大学生的文化认知，给予其树立正确的方向是非常重要和关键的。

1. 针对个体差异性进行主体分层引导

在对大学生的教育中，我们经常提到个性化教育。所谓个性化教育，就是以科学的教育理念为指导，以大学生为教育主体，对大学生的教学采用个性化的模式，培养大学生的独特性、主体性、创新性，最终实现大学生人才培养。个性化教育强调，在教学中以学生为中心，注重下野生的个性化发展，当然，这种教育模式也必须要符合新时代素质教育的理念，同时以培养大学生的综合素质为前提。

大学生对文化的认同，也就是大学生对中国特色社会主义文化的认同，提升他们的认同感，培育他们坚定的文化信念，促使他们形成良好的道德修养，让他们成为新时代合格的中国特色社会事业建设的接班人。为了实现这一目标，在教育模式中，个性化的教育模式就显得尤为重要。文化认同工作的开展和有效性地提升，有赖于对大学生进行分层引导，开展个性化的教育。我们都认为当代的大学生其个性化特征更加强烈和明显，这是因为他们成长的环境发生了巨大改变，无论是家庭环境还是社会环境或者说是教育环境。此外，不平衡现象在家庭与家庭之间，地区与地区之间愈加明显，这些因素都影响着大学生个性的形成。不同年龄、性别、年级、居住地等因素的大学生在价值观、思想水平、文化认知水平乃至意识形态方面都有着不同的表现。所以说，对大学生文化认同的教育，必须要重视个性化教育。在教育的过程中，要尊重大学生成长的基本规律，考虑大学生成长的特点和差异，从每一个大学生实际情况出发，不能"一视同仁"，要做到"差别对待"，在以人为本的教育理念下，将统一性与个性化结合起来，把大学生培育成新时代综合型应用型人才。

2. 针对需求特点进行分层引导

对大学生的分层引导，应该注重大学生现实需求问题的解决，对大学生的需求观念进行调适，真正帮助他们解决在文化认同中存在的精神困惑。

（1）帮助大学生解决现实需求问题

根据利益的紧迫性，可以把大学生的利益分为当前利益和长远利益。当前利益，顾名思义也就是说摆在面前的利益，对大学生来说也就是学生的经济利益和就业相关的问题。而长远利益也就是距离大学生当下来说较远的利益，主要是其毕业后长期发展的问题。所以在对大学生进行文化认同的培育过程中，要对大学生的利益需求有所了解，对大学生的利益有了一定的了解之后，经过对大学生心理特点的分析，根据大学生利益的分类，对其遇到的现实问题进行分类，以此作为教育工作的切入点，这样能够切实帮助大学生解决现实生活中遇到的问题，进而转变大学生的思想观念，帮助大学生树立正确的文化认识，促进其文化认同的提升。

（2）引导大学生养成正确的需求观念

每个人和每个人的需求是不一样的，需求的层次也是不一样的，根据不同的分类标准，需求可以分为物质需求与精神需求，也可以分为正当需求和不正当需求，还可以分为个人需求和社会需求。需求对于大学生这一群体来说也是各不相同的，正确的需求观念对大学生文化认同的培育有着重要的作用。对大学生正确需求观念的树立，可以通过两个方面的措施进行，一方面提升大学生社会化的程度，社会化就是把先进的社会理念和社会道德规范，通过社会实践活动，转化为自己内在的行为准则。在这一过程中，我们能够不断地学习知识，接受信息，掌握社会技能。社会化的状态或者程度并不都是完美的，每个人与每个人也是不同的，如果说大学生对自身、对社会的认识是公正客观、全面的，并且在这种客观公正的认识之上，大学生与社会产生了和谐的融合，也就是主观和客观处于一种动态平衡的状态，那么我们就可以说大学生的社会化到达了一个最理想的状态。毋庸置疑，我们都希望大学生的社会化能够到达最理想的状态，那么我们就要对大学生进行积极的引导，让他们对自身、对社会、对世界有一个正确的认识，并且对自己与他人、环境之间关系的处理能够客观公正，还要对大学生进行社会法律和道德规范的教育，督促大学生积极参与到社会实践活动中，让他们清楚地认识到自己所肩负的社会责任和历史使命，只有这样，他们的社会责任感才能够不断地加强，时刻准备好投身社会主义现代化建设。另一方面是对大学生的社会需求和其他需求之间矛盾的调节。在大学生群体中，一些大学生缺乏社会责任心，欠缺国家意识，而把自己的利益放在首位，其中原因之一是受到了个人主义和利己主义的影响；还有一部分大学生对眼前的利益比较看重，对自身的规划考虑的不够长远，目光比较短浅；还有一部分大学生个人的需求是可以自给自足的，不需要别人的帮助，这样一来，这样的大学生就会出现孤立的行为倾向，把自己封闭起来。大学生产生以上这些对社会需求方面的认知都是错误的，针对这些错误的认知，要对大学生进行相关的引导。引导的过程中要注意以下两点的结合，一个是大学生对社会的需求与时代的需求的结合，另一个是大学生个人社会需求的实现与对社会所作贡献的结合，通过对大学生引导，让大学生树立远大的理想，增强社会责任感，树立正确的人生观和人生目标。

（3）帮助大学生解决精神需求的困惑

大学生已经具备了一定的知识储备，对新鲜事物有着强烈的好奇心，对新鲜知识有着强烈的求知欲，他们渴求自身的发展，对于自己的未来有着美好的憧憬和希望；但是也正是因为这些，他们还没有形成稳定的价值观，精神上和心理上的矛盾时常出现。所以我们说大学生是一个特殊的青年群体。由于文化环境的复杂，对他们产生了一定的影响，他们希望自己的人生价值能够实现，但是又会对价值观念和理想信念产生困惑和迷惘。针对大学生的这种问题，我们在对大学生进行文化认同培育时，要和大学生的精神需求相符合，分析大学生的心理特点，注重大学生心理健康的教育，更加有针对性地解决他们在精神方面存在的困惑，帮助他们形成健全的人格品质，让他们的人生理想是积极向上的，思想境界是高尚的，让他们实现个人价值的同时实现自己的人生理想与社会理想。

（二）强化情感培养，坚定认同信念

1.培养正确的道德感

道德感是一个人内心所产生的情感，这种情感是与道德评价相联系的，属于人类特有的高级社会性情感。道德感产生于我们对主体的思想、观念、行为进行评价的时候，而且这种评价是基于某种社会特定的道德伦理标准。在外在表现上，道德感可以表现为一个人对祖国和人民热爱的情感，一个人所有的社会责任感或者说一个人表现出来的集体荣誉感。道德感是一种主观的感受，它的产生是基于一定的道德认知。同样，道德感的形成并不是一蹴而就的，而是逐渐积累形成的，虽然我们说道德感是一种内心的情感，但是它具有强烈的外在表现，而道德感之所以能够产生巨大的感染力也正是因为这种外显性。所以，我们说社会性也是道德感所具有的一个特点。道德感的社会性也就是说在一群人中，一个人的道德感会产生巨大的感染力，感染周围的人，让他们也有类似的情绪体验，最终引起道德上的情感共鸣。

培育大学生的文化认同，必须要对教学模式和教育内容进行改革，只有这样大学生才能形成真挚且浓厚的道德感。首先是教学模式方面，我们可以根据引导、陶冶、激励、调控这几个环节，对课程设置进行优化，在引导这一环节，我们要让大学生接收到的情感信息是正确的，只有正确的情感信息才能产生积极的陶冶作用，从而让他们对情感意蕴产生感悟，而后产生强烈的情感动力，最终能够对他们的情感状态进行调节，让他们具备浓厚真挚的情感。我们称这一模式为情感教学模式，在培育大学生文化认同的过程中，情感教学模式是非常有效的，它能够最大程度的发挥道德感的积极作用。其次是教学内容方面，教学内容上对道德感教育的选择要是合理的、合适的。不仅要传授道德伦理知识，还要充分利用他人的影响，选择学校和社会中一些积极的榜样或者感人的实例，让大学生对正确的道德感有更深层次的体会和认同。同时，要找准社会契机，比如在一些传统文化节日中就可以开展道德感教育，举办相应的校园活动或者社会实践活动，让大学生积极参与其中，在实践中让他们的道德感得到升华和巩固。

2. 培养坚强的道德意志

道德意志是一种能力和毅力，这种意志是主体在调节自身行动和克服困难中体现出来的，发生在主体进行道德选择和实施道德行为的环境中，而主体这时候是遵循一定的道德规范和道德原则的。在培育大学生的文化认同中，大学生的道德意志能够产生非常重要的作用。我们可以从以下两个方面帮助大学生拥有坚定的道德意志。一方面是大学生自身，要自觉加强自我道德修养。个人道德意志的基本要素可以分为自觉与恒心两个方面，基于此，我们在对大学生道德意志培养的过程中要培养其自觉的意志，让他们的自我意识得到发展和提高。让他们在激励、监督、评估、审查、超越等方面充分发挥自我的意识。另一方面是对大学生道德意志的训练方面，要有强化和提升。因为道德意志的形成是循序渐进的，是在长期的训练和磨炼中形成的，并不是说通过一次两次的学习就能形成。所以说，针对大学生道德意志的训练要通过长期的教育活动，教育活动的开展形式应丰富多样，涉及大学生学习、生活的各个领域，让他们能够全方面的体验、实践和反思。在长期的活动中，让个人道德品质与个人修养得到提升，从而形成坚定的道德意志。

3. 培养坚定的道德信念

一个人道德信念形成过程也就是一个人将其道德情感和道德意志内化的过程。道德信念是稳定的，一个人的道德行为有着强大的精神动力做支持，而这种精神支持的动力就是来自他的道德信念。坚定的道德信念对大学生有着非常重要的作用。一方面是对优秀典型的示范和激励作用。我们可以充分利用道德信念的这一作用，在高校内积极宣传先进道德模范，大学生会对先进榜样、感人精神产生心理共鸣，从而激发大学生内心的道德情感和道德意志，只有这样，大学生才能对道德情感产生认同，进而转化为自己内心的信念，最终让大学生的道德产生从认知到行为层面升华。另一方面，要在对中国特色社会主义文化的弘扬过程中，坚定大学生的道德信念。要想让社会主义道德成为大学生稳定的精神动力，就必须要以中国特色社会主义为引导，对他们进行道德信念的教育。

（三）开展文化实践，强化认同效果

文化认同与实践活动密不可分，文化认同必须要在多种形式、多种场域展开的实践活动中才能得到真正的强化与内化。

第一，文化实践活动的展开可以依托课程学习，活动的本质是教师通过课程的教学目标以及性质确定的实践教学环节。学生是在教师指导下直接参与实践活动的主体，而教师本身则是作为活动的主导，学生进行的是参与体验式、实践式学习活动，感知学习、研究、思考和实践的动态过程。课程中的文化资源内容是活动的依托，以课程基础知识和基本技能的传授与学习为载体，开展实践活动。文化实践活动的形式多样，例如案例教学、模拟教学、情景教学、讨论辩论等形式，在师生、学生之间的互动中可以很好地促进大学生正确地理解和系统地掌握课程知识，延伸了教育的空间概念，并且不受时间和空间的影响，可以将大学生的文化品味与动手实践能力提升起来。

第二，实践活动不仅可以在课堂上进行，还可以在课外展开，丰富多彩的课外实践活动是课内教学的有益补充，大学生可以在课外社会实践活动的过程中了解我国社会情况，可以锻炼自身的思考能力与动手能力，进而将思想觉悟提升，并树立科学且正确的世界观、人生观和价值观。社会实践活动既可以加深大学生对课本内容的了解，优化所学知识的结构又可以将理论与实际相结合，提高动手能力与实践能力。

校外的社会实践活动可以分为两类，即教学计划内的校外社会实践活动和教学计划外的校外社会实践活动。计划内的校外实践活动有军事训练、劳动教育、社会调查等方式，计划外的校外实践活动则包括了勤工助学活动、志愿者活动、校外文化科技活动等。由于新时代大学生社会实践经验普遍薄弱，对社会形势和国情了解不多，要大力深化校外社会实践教育，积极创造客观条件和机会，倡导和鼓励大学生参加课外社会实践活动。让大学生真正地走出校园，更深入地了解中国的真实国情。在组织校外实践活动时，要把握正确的政治文化方向，引导大学生学会用马克思主义理论认识和解释各种社会问题，从而认识和把握中国特色社会主义的正确道路与发展方向。内容丰富、形式多样的课外文化实践活动，可以促进大学生将丰富的文化内容转化为多元的文化体验和实践，从而达到做文化人的目标，最终有利于大学生文化素养的培养。

第五章

高校历史教学中文化认同
教育改革与创新

本章节内容为高校历史教学中文化认同教育改革与创新，分别从完善高校历史教学中文化认同教学方法、优化高校历史教学中文化认同教学模式、拓宽高校历史教学中文化认同教学途径几个方面深入论述。

第一节 完善高校历史教学中文化认同教学方法

一、情境式教学

（一）创设中华文化教学情境

在高校历史课堂教学过程中，教师应在开展中华文化认同教育的过程中利用创设情境教学的途径激发学生们的学习积极性，调动学生们的学习兴趣。通过多媒体教学情境，以向学生们展示历史图片、音像情境、角色情境等方式来调动学生们的学习积极性。历史图片具有丰富多彩的特点，教师在教学过程中应积极发挥图片的教学优势，提升历史课堂的教学氛围及趣味性，以直观、形象的图片直接地呈现教学内容，提升学生们的学习兴趣和学习积极性。在教学过程中创设音像教学情境能让学生感同身受地认识历史、感悟历史，为高校历史课堂的教学提供很好的音像资源。角色情境引导学生通过收集资料、编写历史剧本及角色扮演等方式深入历史，对历史进行充分的了解，丰富学生在历史学习过程中的情感体验，更好地培养学生中华文化认同感。

如在讲中国近现代史鸦片战争时，教师可以在课堂上通过创设图片情境及音像情境的方式引导学生们对林则徐禁烟的图片和有关《鸦片战争》的电影进行观察，并要求学生们在观看完图片及电影的经典片段之后说出自己的感受。通过图片情境及音像情境创设的教学引导学生更加直观、形象地接触到"鸦片战争"的起因、经过、导火索、结局等，引导学生们在掌握历史基础知识的前提下感受中华民族传统文化中勇于对抗、不畏艰难、不向恶势力低头的精神。此外，创设情境，丰富体验。历史是对于过去事件与活动的记录、研究与诠释，而情境创设则可以让历史变得鲜活起来，能够激发学生的学习兴趣，使其在真实的历史情境中触摸历史细节，丰富情感体验，促进心灵升华。而大数据下的历史课堂，其情境的创设素材广泛，手段多样，更能体现教学意图，能够引导学生在生动丰富的教学情境中自主思考，引发历史想象，感悟历史时空，在历史思考中形成对家国的情感。

（二）多维度设置情景体验

从学生个体学习的角度去看待学习历史的过程，其实不是"史学意义上的历史过程"，而是学生接触历史后从感知、理解、体验到升华的多维度心理建构的过程。这个过程体现了学生个体思维与历史文本之间的程序性互动。由于历史对象的内容复杂，学生的经验和认知能力与对象的内容存在差距，学生对历史的认知过程会被简化和片面化。场景体验的多维度设置可以使文本中描述的历史对象直观、生动、逼真。将学生对历史物品的想象联系起来，可以让学生感到更加身临其境，并在情感上产生共鸣。

那么如何搭建多维度的情景体验，一般是语言、视频、音频、环境、动态图片等的结合，总而言之就是利用当前的技术手段，从不同的角度再现历史的过程。虽然不能全面了解历史的各个方面，但学生也会有不一样的感官体验。更加重要的是，让学生从多个角度去感知和思考，缩短学生的经验与历史对象的差距，更好地理解和认识历史，获得充分的情感体验。比如在讲解中国传统主流思想的演变过程时，就可以设置情景体验，通过多角度让学生感知和思考历史，从而产生一定的文化自觉性，最终能够实现文化有信。

（三）创设深度教学情境

深度教学强调教学应触及到学生心灵与思维的深处，在情感深度体验的过程中把握生命的意义。而生动具体的教学情境则是学生情感深度体验的重要基础，也是学生探究深度教学问题的基础，可使抽象的历史知识变得具体化、形象化、生动化，为之后历史问题的解决和情感体验的深入提供了前提条件，在很大程度上可激发学生的学习兴趣，帮助学生真正走进历史情境中去感悟当时的人与事，更能客观地看待这些人与事对后世的影响。接下来以"北魏政治与北方民族大交融"历史教学内容为例，深入分析历史教学情境的创设。

第一，以歌曲创设情境。在导入时，播放歌曲《爱我中华》，并在PPT上展示相应歌词，学生在宋祖英老师优美的歌声中自然而然感受到我们中国五十六个民族之间的团结友爱，一种强烈的民族自豪感油然而生，借助这一情境，教师可提出问题"这五十六个民族他们都有一个共同的名字是？"通过对这一问题的回答，学生可进一步明确中华民族是由多个民族共同组成的共同体，进而引出教学核心概念"民族交融"，以及对核心问题"民族交融对中华民族的意义？"的思考，从而逐渐提升学生的文化认同感。

第二，以历史地图和时间轴创设情境。古往今来，人们都是生活在特定的时空背景下，因此明确历史人物和历史事件生活和发生的时空应是学习历史的前提条件。例如通过历史地图及时间轴的梳理帮助学生回到魏晋南北朝那段波诡云谲的时代环境中去。在讲述淝水之战之前，展示《西晋统一》《东晋十六国》及《东晋前秦对峙图》等三幅地图，并引导学生结合所学知识画出时间轴，最后教师加以总结，这样的情景创设可帮助学生真正回到当时的历史场景中去，感受到时空定位的重要性，初步培养学生的历史时空观。再此也可自然过渡到淝水之战这一子目的学习。

第三，以视频创设历史情境。视频作为一种直接音像资料，可以帮助学生走进历史现场，身临其境般地了解历史事件的起因经过。此外，在今天我们有大量优秀的历史纪录片供我们剪辑选取。在课堂中中，播放《中国通史》中淝水之战的相关片段，帮助学生回到 383 年的淝水，从一个当事人的角度去看待这场战争，学生可自然而然的形成对淝水之战的基本了解，实现知识体系的逐步完善与建构。

第四，以历史故事创设情境。历史故事就如同一颗颗珠子将历史连接起来，是历史知识的重要载体之一，同时生动形象的历史故事对于大学生而言具有强烈的吸引力。在本课中，笔者在"北魏孝文帝改革的背景"这一知识点的教学中，讲述了孝文帝与其祖母冯太后的故事，学生通过感受两位改革者之间的故事可初步解决"为什么孝文帝要进行改革？"的问题，进而认识到冯太后对孝文帝改革的积极影响，认识到历史中"人"的作用。

第五，以史料创设情境。随着历史的发展，前人留下来许多的史料，通过对这些史料的解读，我们或是可以看到作者眼中的历史事件，或是可以看到作者写作的心路历程，而这些都是我们研究历史和学习历史的依据。引用一些史料来创设历史情境，帮助学生加深对历史知识的理解，并可使学生在解读史料的过程中实现历史解释、史料实证等核心素养的发展。如在讲述孝文帝改革的影响时，可展示北魏杨炫之在重游洛阳时的一段感受"自葱岭以西，至于大秦，百国千城，莫不款附。商胡贩客，且奔塞下。所谓尽天地之区矣；乐中国土风，因而宅者，不可胜数。"

通过对这段史料的解读，当时洛阳城的繁华景象及北魏的强盛跃然纸上，学生可更加真切地感受到北魏孝文帝改革后对当时人们生活及北魏地位的改变，进而可分析归纳出北魏孝文帝改革的影响。学生在史料解读的过程中，既实现历史知识体系的完善，又培养学生历史解释和史料实证的历史核心素养，更在这一史料创设的情景中进行了情感的深度体验，提升了民族自豪感，进而加深学生的文化认同感。

二、对比教学

通过对比教学丰富学生们的情感体验，增进学生对中华民族文化的认同。在高校历史课堂教学过程中教师应充分发挥对比教学的优势，通过将正面的历史人物与反面的历史人物对比、中西方文化差异的对比等方式，引导学生们认识到中华民族文化的伟大及宝贵之处，激发学生们想要融入其中的学习兴趣，丰富及提升学生们的文化情感。如在进行《五四爱国运动》的教学过程中，教师可以将章宗祥、曹汝霖这些卖国求荣的奸贼与积极抗争的学生与工人阶级进行对比教学，突显出学生与工人阶级的爱国情感，帮助学生树立社会责任感，引导学生明白中华民族传统文化的精髓。

三、冲突式教学

（一）认知冲突

认知冲突的概念是指学生原有的认知结构与新学知识的矛盾。学生在学习生活中，接触过很多的知识与事物，所以在头脑中也形成了各种各样原有的认知结构。这样，在他们学习新的知识时，总是会尝试用原有的认知结构对新知识进行消化理解。然而当遇到不能用原有的认知结构解释的现象时，就会产生认知冲突。

在课堂教学中设置的认知冲突可以快速吸引学生的注意力，并激起他们学习知识的兴趣。认知冲突是让学生产生困惑的一种有效办法，而学生为了打破这种困惑便会想办法解决问题，这也就是为什么新的知识点反而能引起学生学习兴趣的原因。如"宋明理学"这一节课，学生的原有认知结构认为理学就是儒学僵化的开始，那么理学就都是糟粕，但是在认真学习相关的历史知识之后发现，理学之中也有值得人们学习的点，比如"格物致知"的探索精神、实践精神等等。

（二）价值观冲突

个体的情感体验在一定程度上取决于个体所理解和认同的价值观，而情感和价值观则属于个体意志的最深层次。在普通的历史教学中，由于高考等方面的影响，对学生的价值观教育并不是很重视，或者因为价值观对学生来说是更高层次的学习，所以教学效果也不是很明显。要获得理想的价值观教学效果，就建立一定的价值观冲突，让学生获得一定的情感体验，有助于纠正学生价值观的缺失、获得新的价值观或情感体验。

第二节　优化高校历史教学中文化认同教学模式

一、实践教学模式

在高校历史课堂教学过程中教师应重视对学生们实践能力的培养。如在进行中国古代层出不穷的诗歌教学过程中，教师可以采用实践教学的方式引导学生模仿古诗进行写作，在仿写的过程中说一说自己对于传统文化的理解，感悟古人在创作诗歌过程中那种伟大的抱负，如"天生我材必有用，千金散尽还复来""粉身碎骨浑不怕，要留清白在人间"等古诗中传承的爱国主义精神，让学生们在仿写古诗的过程中体会到中华民族传统文化对于人类发展的重要性。教师在实践课堂教学过程中还可以引导学生们通过游览当地的名人故居、历史博物馆及历史文化古迹等途径对历史文化资源进行丰富，组织学生们积极参观学习，进行现场实践的教学，提升学生们的文化底蕴。

如在讲解中国古代史儒家思想的形成时，教师可以引导学生们参观孔子庙，在孔子庙中寻找中华民族传统文化的遗留，引导学生们在参观的过程中学习孔子传承的中华民族传统文化，让学生们在实践教学过程中培养善良及淳朴友善的传统美德。教师还可以通过介绍孔子的游学经历培养学生们的学习精神，促进学生们中华民族传统文化的培养，学习古人在艰苦的环境中是如何学习的，提升学生们的历史素养及综合素质。

（一）开展革命文化社会实践活动

大学生由于缺少社会实践经验，对社会认识会出现偏差，必须要使大学生接触、了解社会，在实践中深入了解历史教学中的中华民族传统文化、革命文化以及社会主义先进文化。因此学校要坚持实践育人，将推进文化认同培育融入社会实践活动。结合大学生群体的思想行为特点，拓展文化认同培育的实践活动形式，开展丰富的实践活动，让大学生在参与过程中获得情感体验，增进对祖国和人民的情感，使社会实践成为实施文化认同培育的有力支撑。

大学生社会实践活动是让大学生有针对性、计划性地参加社会经济、文化、政治等各方面教育活动的统称。作为历史教育的主要内容，大学生社会实践活动是加强课堂教学的重要途径。开展革命文化和社会实践活动，可以促进大学生对革命文化有更深层次的认识，同时让大学生在实际行动中体验革命文化。因此，充分利用社会实践活动尤其是革命文化相关的实践活动可以大大加强大学生革命文化认同感。

第一，参观爱国主义教育基地。爱国主义教育基地是提高全民族整体素质的基础性工程，是引导大学生树立正确理想、信念、价值观的重要场所和平台，其承载着丰富而真实的历史文化内容，是大学生掌握和了解历史知识、革命文化的重要课堂，也是进行革命文化认同教育的重要载体。高校要注重基地对增强大学生革命文化认同方面的积极效用，要充分发挥纪念馆、博物馆、烈士陵园等爱国主义教育基地的教育功能。与此同时，学校组织参观时，可以让学生担当革命文化讲解员，负责向参观的学生介绍基地的基本情况，给大学生提供引导和解释，使大学生在自己所看、所听、所讲中切实体验到革命文化，在潜移默化中增强革命文化的认知认同和情感认同。

通过组织学生参观红色教育基地培育文化认同，加强高校与博物馆、革命遗址、陈列馆等爱国教育基地之间的互动，搭建形式多样的社会实践平台，开展"红色参观"活动，如参观革命纪念馆、博物馆、革命遗址、革命先驱旧居等红色教育基地，以此来增强大学生文化认同。2020年9月，习近平总书记亲临湖南考察，第一站来到了"半条被子"故事的发生地汝城县沙洲村。他指出"要用好这样的红色资源，讲好红色故事，搞好红色教育，让红色基因代代相传。"利用重大事件、重要活动、重要时间节点开展文化认同培育。如"七一"建党节、"八一"建军节、"十一"国庆节等重大节日和"9·3抗战胜利日""9·30烈士纪念日""12·13国家公祭日"等重大时间节点，开展如"忆先烈、学英雄、爱祖国、当传人"等教育活动，引导大学生树立正确的历史观，增进大学生的文化自信、文化认同感和爱国情感。

第二，组织革命生活体验活动。我国传统的革命文化教育方式使得大学生在学习过程中获取知识的途径比较单一，知识主要来源于课堂和书本，而从社会经历和体验中获取的比较少。组织大学生体验革命生活，能够弥补这一不足，并让大学生在社会中切身体验革命文化。学校要充分利用寒暑假时间，组织大学生到类似革命老区这种带有革命特色的地方去体验生活，切身感受革命年代人们生活的艰辛以及进行革命的不易，从而强化大学生革命文化情感认同。

第三，组织公益活动社会实践。公益活动作为一种社会实践活动，是对大学生开展革命文化认同教育的实践方式，高校要把革命文化公益活动纳入到学生的社会实践体系中，组织大学生积极参与革命文化相关的公益活动。例如，开展大型社会捐赠活动、大型社会义务劳动和防灾救援活动等，引导大学生在参与这些公益活动中，体验革命文化所倡导的核心理念和精神实质，从而提升大学生革命文化理性认同和行为认同。

（二）实践教学模式评价体系建设

1. 评价体系建构的必要性

历史文化认同实践教育运行评价是指按照科学的评价标准，对参与实践教育的各学科及其效果进行客观评价。评价的目的不仅是检验学生在这一阶段的学习成绩，而且是及时了解这一教学模式的运行情况，总结经验，改进不足，及时调整所采用的教学方法，确保历史文化认同实践教学的有效运行。这样的实践能够帮助大学生更好地理解学科内容，实现最终目标。我国高校历史文化认同实践训练尚处于发展的初级阶段，历史文化认同实践教育背景下的教学评价体系建设尚不系统，要提升就要有评价，要进步就要有批评。因此，为了提高历史文化认同实践教育的质量，实现历史文化认同实践教育的可持续发展，既满足学生的教育需求，又使所培养的人才满足社会的要求，必须建立科学的、规范的、高效的历史文化认同实践教学评价体系。既要考虑到其可操作性，又要确保历史文化认同实践教学评价体系完整性，让培养大学生文化认同的教育目标被历史文化认同实践教学评价体系真正有效地服务。

2. 评价体系的主体

在历史文化认同的实践教育中，主体是包含在内的，因此，我们应该考虑各种关系主体，以确保评价主体的分布。在学生、教师、领导者和其他人员作为主体的时候，我们对实践教育内容进行评价。

（1）学生

在学生入学前，学生入学考试的成绩在转变之后低于原来的入学考试成绩。这都是因为评价标准改变了，所以导致许多学生会有这样的困扰。

作为教育活动的见证人，学生对教育活动的质量和效果也有更多的体验，因此学生对实践教育活动的效果有更多的发言权。因此，人们应考虑学生对于历史文化认同实践教育的内容、方法以及效果的重要作用并及时回应这些反应。

（2）教师

在历史文化认同的实践教育和教学中，教师扮演的参与者和引导者的角色，教师拥有学习活动所需的场所和条件，教师根据教学内容采取灵活的学习方法和意义。在这样的教学中，教师扮演着暂时的角色。他们可能认识到学校实际教育活动中的哪些结构或系统是充分的，并了解学生的知识，因此教师参与评估过程很重要。

（3）领导者

领导者是指负责管理学校或实践部门实践教育的部门或工作人员。一方面，他们管理和监督教师的教学活动，保证工作当中不出岔子。另一方面，为教师的教学活动提供相应的物质支持和资源支持。让领导者参与教育评价，不仅可以激励和约束教师，而且可以合理规划学习资源。

（4）其他人员

其他人员包括专家、同事、实践参与者等，评估参与者通过使用他们在参加评估中积累的经验，或使用他们自己在操作中的经验，在各自的领域里面发挥作用。

3. 评价内容

在历史文化认同的实践训练活动中，各学科根据自身的角色、地位和知识，具有不同的教育内容。评价通常包括两项：硬件和软件。硬件评价主要是指实际学习的场地和设备等物理基础设施已完成，并可能满足教师和学生开展教育活动需要的设施，比如场地、设备、活动材料等。软件评价主要包括考试评价、效能评价、系统评价等。软件建设在整个培训中还处于一个薄弱环节，应将其放在教学评价的重要位置。例如，制度评价是指在教育过程中对与历史文化认同实践教育相关的制度进行相应的评价。通过对制度的评价，及时调整和改变制度，使制度能够有效地发挥其应有的激励和约束作用。对不符合教育实际、不能在历史文化认同实践教育中发挥积极作用的制度，要及时予以纠正。评估可以问卷调查和深度访谈的形式进行。

二、"互联网 +"教学模式

现如今大部分学校在教学过程中运用了"互联网 +"思维。利用新媒体、新技术开展历史文化认同教育，促进历史教学传统优势与信息技术的高度融合，有利于增强历史教育的时效性和实用性，提高人才培养质量。特别是在开展历史文化认同教育的过程中，利用互联网的优势拓展文化认同研究，丰富历史文化认同资源，是提高大学生文化认同的重要途径，这个选择是适应时代的，我们不能墨守成规，要时刻寻找创新与发展。在历史教学和文化认同研究中，各学校应重视"互联网 +"的教育理念，在教育过程中充分利用现代信息技术，探索和推广利用信息技术的研究方法，如培养小型教师，鼓励教师采用参与式、辩论式和互动式教学方法；案例法的形成、对参与体验的重视以及自主学习和创新能力的提高，提高了学生的文化认同感、文化自信和爱国主义精神。

（一）及时搭建网络平台，发挥网络育人优势

全媒体时代，网络交往已经成为人们生活中的重要组成部分，给人们的生活、学习、娱乐等方方面面都带来了积极的影响。根据中国互联网络信息中

心发布的报告数据显示，2020 年我国手机网民规模达 8.97 亿，而大学生作为一个庞大的网民群体更是深受网络传媒的影响，网络已成为当代大学生获取知识信息、了解社会资讯、分享日常生活的主要途径。高校历史教学文化认同培育工作开展要抢占网络新阵地，充分利用网络信息开放性、传播便捷性以及内容综合性的优势，拓展文化认同培育工作的空间和渠道，及时有效地搭建起网络教育平台，采取线上和线下相结合教学方式，把网络建成文化认同培育新窗口。一是高校应建立特色专题网站，优化网络平台内容。利用好校园网建立一批涉及文化认同培育主题明确、特色鲜明的专门网站和公众论坛，通过定时更新、推送有关理论政策学习、时事政治介绍、典型人物事迹宣传等内容开展文化认同培育。充分运用学生生活中广泛接触的微信、微博、QQ、博客、短视频等媒介建立公众号，以更加贴近学生的"网言网语"与学生互动，寓教于乐、寓教于网、润物细无声，将文化认同培育融入到大学生的日常生活中，能够起到事半功倍的作用。二是高校历史教学中要健全网络管理体制机制，加强校园网络监督。网络空间信息鱼龙混杂，高校的网络监管部门要加大对网络的管理和监督力度，与政府网监部门密切协作、各司其责，及时有效地清理、阻断暴力、色情等黄色信息进入校园网，挤压、遏制宣扬物质欲望、金钱至上等颓废丧志的灰色信息，为大学生文化认同养成营造校园网络环境。

（二）智能媒体与历史教学

新中国成立 73 周年以来，科技水平日益增长，教育的方式也越来越多样化。运用智能媒体进行历史教学也成为了重要的教育方式。

"吃水不忘掘井人"这是我们迈入新时代之后一直强调的，我们应该想想红色政权来自哪里，永远记住革命先烈。红色的江山是难以征服的，是革命先辈用鲜血换来的。我们应该牢记革命制度的由来，永远铭记革命先烈。

回顾革命历史，接受红色传统教育，我们应该不断学习，不断创新。中国共产党领导人民，走中国特色社会主义道路。井冈山是中国革命的摇篮，井冈山时期留给我们最宝贵的财富是时空上的井冈山精神，今天我们要结合新的时代条件，遵循理想，实事求是，开辟新的道路，努力克服困难，使井冈山精神焕发出新的时代光芒。江西作为革命老区，必须与时俱进，实现跨越式发展。红色教育将教育下一代红土，用力量建设红土，用烈士的鲜血为地球带来绿色生活，实现革命老区和人民的可持续发展。利用现代媒体传播红色文化和革命精神，可以增强学生的文化认同感，激发学生的爱国主义精神。

红色文化教育应适应新时代要求，改进教育展陈形式，把展示与实践、静态与动态、讲解与视频、VR 实践等方式结合起来，让教育生动、直观、丰富起来。我国的很多高校、博物馆、文化馆内，都设置了 VR 体验或展览，使人们能够更加设身处地体验，深入了解、学习红色文化。接下来我们以南昌为例，南昌是打响革命第一枪的地方，在南昌矗立着一座纪念南昌起义和革命的纪念馆——八一起义纪念馆。建立于 1956 年，开放于 1959 年，八一起义纪念馆拥有悠久的历史。为了让更多游客深入了解革命，深刻体会革命的内涵，南昌八一起义纪念馆投入建设 VR 展馆。5G 红色旅游示范区南昌八一起义纪念馆现以正式对外开放，成为全省首个 5G+VR 红色旅游示范区。此次参观采用 5G 和 VR 技术，让游客更好地了解南昌起义的历史背景和意义，从而获得更深的感悟和体会。这一可喜开端显示了红色教育与旅游、与 VR 结合的巨大前景。

此外，高校也可以研发 VR 体验系统，如江西理工大学研发的"第三次反围剿体验系统"通过虚拟现实技术还原展示第三次反"围剿"事件的背景，介绍历史时间线、双方行军路线等，让学生在操作体验中将这段历史知识掌握。

（三）"学习强国"与历史教学

1."学习强国"App 的优势

（1）"学习强国"App 是一个全能的学习智库

"学习强国"App 是一个去除娱乐化和商业化的学习智库，拥有大量免费的学习资源。2019 年 1 月 1 日，"学习强国"App 正式上线，该平台 PC 端聚合了大量免费的期刊、古籍、公开课、歌曲、戏曲、电影、图书等资料，有"学习新思想""学习文化""环球视野"等十七个板块，手机客户端有"学习""视频学习"两大板块。这些资料涵盖了社会法律、理工农医、人文史哲、政治经济等方向的内容，可以满足大学生个性化的自主选择需求。高校大学生利用该平台进行自主学习，并和其他学生探讨交流，将会对我国的语言、风俗习惯、国家制度、民族文化等有更多的认知，无形中坚定了文化自信，增强了文化认同。

（2）"学习强国"App 严格审核推送内容

"学习强国"App 和一般的网络平台有所不同，其在内容的选择和推送上进行了精心的筛选和优化，在面对各种热点问题上，采取实事求是的处理和分析方式，拒绝发表各种没有经过认证和确定的事实和观点，让学生能够认识到事件背后的真正原因，以此对高校大学生进行正确的舆论引导，从而帮助当代大学生树立正确的世界观、人生观和价值观，促使大学生通过深入关注、了解国家和社会动态，积极参与国家的治理过程，逐步培养国家和民族情感。

（3）"学习强国"App 对中华优秀传统文化进行多角度推送

"学习强国"App 平台推送了大量经典的中华优秀传统文化，高校通过鼓励大学生在平台上进行学习和了解，有助于培养大学生的文化认同感。

中华优秀传统文化是历经五千年历史检验的重大人类文化宝库，对于大学生爱国情感、民族情怀的培养具有重要意义。比如，"学习强国"App专门开设了一个文化栏目，涉及丰富多彩的中华优秀传统文化，有文化新闻、文化广场、文化活动、中国文学、中华诗词、中华文字、中国戏曲等专栏，其用各种各样丰富多彩的内容，传递着中华主流价值观念，塑造了我国文明大国的伟岸形象，能帮助大学生提升家国自信。借此，大学生可以随时随地通过手机在"学习强国"App上学习和接触到各种中华优秀传统文化，在学习的过程中能够深刻领会中华优秀传统文化的精髓，从而最终树立文化的自豪感和认同感。

2. 基于"学习强国"App的高校大学生文化认同培养策略

（1）以学生党员引领所有大学生利用"学习强国"App学习

目前，高校"学习强国"App的使用主要以学生党员和教师党员为主，非党员学生使用的人群较少。因此，高校可采用党员学生带领非党员学生加入学习的方式进一步拓宽"学习强国"App的覆盖面。具体实践中，为了全面扩大"学习强国"App在高校大学生中的覆盖面，学校可以建立一支以党员学生为主的学习平台宣传队伍，该队伍成员要通过榜样示范、分享学习心得等形式带领非党员学生利用"学习强国"App进行学习，进而促使大学生牢固树立共产主义远大理想和中国特色社会主义共同理想，扎实学习，并传承与弘扬中华优秀传统文化及社会主义先进文化，增强自身的文化认同。同时，学校也能以"学习强国"App中的各个板块为依据开展知识竞赛、挑战闯关游戏等活动，鼓励党员学生带领其他学生参与，由此督促大学生认真学习平台中的内容，让大学生成为党和国家声音的接收者、学习者和传播者，从而增强大学生的文化自信，提升其文化认同。

（2）教师以身作则带领学生利用"学习强国"App学习

"学习强国"App还集合了大量名师讲堂的慕课学习内容，特色鲜明而且内容权威，包括职业课堂、思政与教育、校园风采、青春之歌、练习题等多个栏目，涵盖了不同领域的知识。不管是高校的领导，还是普通的行政管理人员和专业教师都对该平台给予了高度评价，目前全国已经有多所高校发布了各种专业的在线课程。

高校教师可充分利用该平台，特别是从事思想政治教育工作的教师可通过深度挖掘该平台的网络资源，将"学习强国"App应用的重要性融入实际教学工作的讲解，引导学生结合"学习强国"App提供的各种问题和内容进行分析和思考，通过日积月累的学习实现学生自身思想觉悟的提高。同时，作为高校教师，不管是否为党员都应该以身作则，持之以恒地主动利用"学习强国"App进行学习，只有其深入了解了平台的内容资源，为学生树立学习的榜样，感染和影响学生，才能为学生进行答疑解惑，有效吸引学生利用"学习强国"App进行学习，并在学习内容的选择上提出建议和指导，从而使学生产生文化认同。

（3）以"学习强国"App中的中华优秀传统文化培养大学生文化认同

"学习强国"App里汇集了大量的中华优秀传统文化，如非物质文化遗产、地方民俗文化、诗词戏曲、武术、美术等，涵盖了中华民族上下五千年的文明，充分展示和宣扬了中华优秀传统文化。高校大学生通过"学习强国"App由开始的简单接触，到最后系统、深入地学习与了解，既能加强学生对知识点的深刻记忆，又能陶冶学生情操，激发学生的爱国热情，进一步增强学生对中华文明的敬意和自豪感。"学习强国"App学习方式灵活多样，学生可以采用阅读浏览形式，也可采用聆听欣赏方式，如听音乐、听戏曲、听长书、听曲艺、听诗文等，甚至还可以跟着学、跟着练，这样海量的免费素材结合创新的答题板块和评价方式，极大地满足了当代大学生的需求，大大提高了其学习兴趣。

参考文献

［1］杜向辉.论大学生红色文化认同的影响因素与培育路径［J］.大庆师范学院学报，2020，40（05）：97-104.

［2］杜向辉.新时代大学生红色文化认同状况研究——基于甘肃省9所高校的实证分析［J］.昆明理工大学学报（社会科学版），2020，20（03）：107-113.

［3］王晓军.文化认同视角下中国文化软实力建设研究［D］.石家庄：河北师范大学，2020.

［4］李鑫诺.历史教学与高中生文化自信培养研究［D］.济南：山东师范大学，2020.

［5］王梦雪.中学历史教学中的国家认同教育研究［D］.济南：山东师范大学，2020.

［6］李鸿凯.新时代大学生革命文化教育研究［D］.沈阳：辽宁大学，2020.

［7］赵茂程，程广文.大学文化认同：新建地方性本科高校特殊性［J］.扬州大学学报（高教研究版），2020，24（02）：1-8.

［8］丛喜权.中国高校中华文化认同教育研究［J］.黑龙江民族丛刊，2020（02）：24-30.

［9］周颜玲．我国主流意识形态建设视域下传承弘扬中华优秀传统文化研究
　　［D］．济南：山东大学，2019．

［10］纪德奎，张永健．优秀传统文化教学的意蕴、困境与转向［J］．课
　　程．教材．教法，2019，39（10）：111-117．

［11］吕立杰，丁奕然．指向学生中华优秀传统文化认同感提升的校本课程调
　　查［J］．教育研究，2019，40（09）：56-64．

［12］仇楠楠．大学生文化自信培育研究［D］．徐州：中国矿业大学，2019．

［13］杨曼，吕立杰，丁奕然．小学生中华优秀传统文化认同现状调查及提升
　　策略［J］．中国电化教育，2019（06）：44-51．

［14］向兰．高中历史课堂"家国情怀"素养培育研究［D］．扬州：扬州大
　　学，2019．

［15］吴慧．全球化场域中的语言安全与中华民族文化认同［J］．内蒙古社会
　　科学（汉文版），2019，40（03）：165-171．

［16］陈富．德国中学历史教学中的欧盟身份认同教育——以巴登符腾堡州为
　　例［J］．德国研究，2019，34（01）：125-138+190-191．

［17］王瑜，陈晓琪．"文化自信"观照下民族文化进校园的文化内涵及路径
　　［J］．民族教育研究，2019，30（01）：12-18．

［18］陈剑．文化自信视域下的大学校园文化建设［J］．中国成人教育，2018
　　（17）：60-64．

［19］刘英凤，杨少曼．高校师生对岭南优秀文化的认同研究［J］．汕头大学
　　学报（人文社会科学版），2018，34（10）：48-55+95．

［20］李雅波．文化认同视角下跨文化教学路径探究［J］．外语学刊，2018
　　（05）：101-106．

［21］郭菲菲．基于家国情怀的高中历史教学研究［D］．西安：陕西师范大

学，2018.

[22]尹旦萍.边疆少数民族大学生中华文化认同现状调查——以Z民族大学为例[J].中南民族大学学报（人文社会科学版），2017，37（06）：41-45.

[23]程为民.当代大学生中华优秀传统文化认同研究[D].武汉：武汉大学，2017.

[24]魏泳安.中国精神教育研究[D].兰州：兰州大学，2017.

[25]曾鹏飞.高中历史教学中的中华文化认同教育探究[J].内蒙古师范大学学报（教育科学版），2017，30（03）：153-155.

[26]张宝蓉.台湾青年文化认同的建构与困境——基于学校教育的视角[J].台湾研究，2015（04）：14-22.

[27]徐德莉.中华民族优秀传统文化融入"中国近现代史纲要"的教学机制探析[J].贵州民族研究，2015，36（01）：205-208.

[28]刘超.民国历史教科书中的民族认同与政治认同——以"清朝史"叙述为中心[J].学术月刊，2014，46（03）：148-158.

[29]周勇.国家文化认同与课程改革——以胡适、钱穆的课程改革行动为例[J].教育发展研究，2013，33（07）：40-47.

[30]田夏彪.文化认同视域下大理白族教育互补机制研究[D].重庆：西南大学，2011.

[31]詹小美.民族文化认同论[M].北京：人民出版社，2014.

[32]张颂仁，陈光兴，高士明.历史意识与国族认同：杜赞奇读本：汉英对照[M].上海：上海人民出版社，2013.

[33]瞿林东.历史文化认同与中国统一多民族国家[M].石家庄：河北人民出版社，2013.

［34］程美宝．地域文化与国家认同［M］．上海：三联书店，2006．

［35］刘家和，易宁，蒋重跃，等．历史文化认同与统一多民族国家：在世界历史背景下的考察［M］．石家庄：河北出版传媒集团河北人民出版社，2013．

［36］向燕南，罗炳良，王东平．历史文化认同的扩大与统一多民族国家的巩固［M］．石家庄：河北出版传媒集团河北人民出版社，2013．

［37］左殿升．网络时代大学生政治认同差异研究[D]．济南：山东大学，2020．

［38］黄莉．新媒体环境下大学生政治认同问题研究[D]．贵阳：贵州师范大学，2019．

［39］蒋艳．新时代大学生社会主义核心价值观教育模式建构研究［D］．徐州：中国矿业大学，2019．

［40］邓燕．时代主题与近代中国的历史教育［D］．长沙：湖南师范大学，2019．

［41］周娜．当代大学生中国共产党革命精神认同研究［D］．石家庄：河北师范大学，2016．

［42］丛岩．高中历史教学中的文化认同教育［D］．曲阜：曲阜师范大学，2016．

［43］郭朝辉．大学生社会主义核心价值观的培育和践行研究［D］．徐州：中国矿业大学，2015．